Hit: A remélt dolgok biztosítéka

Dr. Jaerock Lee

*„A hit pedig a reménylett dolgoknak valósága,
és a nem látott dolgokról való meggyőződés.
Mert ezzel szereztek [jó] bizonyságot a régebbiek.
Hit által értjük meg, hogy a világ Isten beszéde által teremtetett,
hogy a mi látható, a láthatatlanból állott elő."*
(Zsidókhoz 11,1; 6)

Hit: A remélt dolgok biztosítéka, Szerző: Dr. Jaerock Lee
Kiadja az Urim Books (Képviselő: Kyungtae Noh)
73, Yeouidaebang-ro 22-gil, Dongjak-gu, Szöul, Korea
www.urimbooks.com

Ez a könyv vagy annak részei nem reprodukálható semmilyen formában, nem tárolható előhívható rendszerben, nem sokszorosítható semmilyen formában vagy eszköz által, elektronikus, mechanikai vagy fénymásolt, rögzített vagy más formában, a kiadó előzőleges írásos beleegyezése nélkül

Hacsak másként nem jelöltük, az összes bibliai idézet a Károli Szent Bibliából származik. Engedéllyel felhasználva.

Szerzői jog Copyright © 2017 Dr. Jaerock Lee
ISBN: 979-11-263-0360-1 03230
Fordítási jog Copyright © 2013 Dr. Esther K. Chung. Engedéllyel felhasználva.

Korábban koreai nyelven kiadva az Urim Books által 1990-ben

Első kiadás 2017 szeptember

Szerkesztő: Dr. Geumsun Vin
Szerkesztette az Urim Books Kiadói Hivatala
Nyomtatva a Yewon Printing Company által
További információért lépjen kapcsolatba a következő címen:
urimbook@hotmail.com

Előszó

Mindenekelőtt ki szeretném hangsúlyozni, hogy minden hála és dicsőség az Atya Istené, aki elvezetett minket oda, hogy közzétegyük ezt a könyvet

Isten, aki a Szeretet, elküldte az egyszülött Fiát, Jézus Krisztust, mint az engesztelő áldozatot az emberiség számára, amely halálra volt ítélve a bűne miatt, melyet Ádám követett el az engedetlenségével. Jézus előkészítette az üdvösség felé vezető utat a számunkra. Ha valaki hisz ebben, és megnyitja a szívét, valamint elfogadja Jézus Krisztust, mint Megváltóját, bocsánatot kap a bűneire, megkapja a Szentlélek ajándékát, és elismerik, mint Isten gyermekét. Sőt, mint Isten gyermeke, jogosult választ kapni arra, amit kér a hit által. Az eredmény a gazdag élete lesz, amelyben nem lesz elégtelenség, és képes lesz arra, hogy diadalmasan legyőzze a világot.

A Biblia azt mondja, hogy a hit ősatyái hittek abban, hogy Isten a hatalmával létre tud hozni valamit a semmiből. Azért jöttek, hogy megtapasztalják a csodálatos Istennek a nagyságos dolgait. A mi Istenünk ugyanaz tegnap, ma és holnap, és az Ő mindenható hatalma még mindig működteti ugyanazokat a dolgokat azok számára, akik hisznek, és gyakorolják az Isten szavát, mely a Bibliában van feljegyezve.

A szolgálatomban az elmúlt évtizedben tanúja voltam annak, hogy számtalan Manmin tag válaszokat és megoldásokat kapott a különböző problémájára, amelyet egyszer elszenvedett az életében. Hitt, és engedelmeskedett az igazságnak, valamint képes volt arra, hogy dicsőséget adjon Istennek. Hitében Isten szavát ismételte: „*A Keresztelő János idejétől fogva pedig mind mostanig erőszakoskodnak a mennyek országáért, és az erőszakoskodók ragadják el azt*" (Máté 11,12). A hívők dolgoztak és imádkoztak, és gyakorolták az Isten szavát, hogy nagyobb hittel rendelkezzenek, mindeközben értékesebbnek és szebbnek néztek ki számomra, mint bármi más.

Ez a munka azok számára, akik mohón kívánják vezetni a

győzelmes életüket az igaz hit jegyében, hogy Istent dicsőítsék, terjesztve az Isten szeretetét, és megosztva az evangélium igéit.

Az elmúlt két évtizedben már prédikáltam a „hit" címszó alatt számtalanszor, és ezeket a prédikációkat rendezett módon összeszerkesztve, lehetővé vált ennek a könyvnek a kinyomtatása. Bárcsak ez a munka, *Hit: A remélt dolgok biztosítéka*, világítótoronyként működne úgy, mint egy útmutató a valódi hitről, számtalan lélek számára.

A szél fúj, ha azt kívánja, és láthatatlan a számunkra. Mégis, amikor azt látjuk, a fák levelei imbolyognak a szélben, akkor érzékeljük a szél valóságát. Ugyanígy, bár nem látjuk Istent szabad szemmel, Isten mégis él, és valóban létezik. Ezért, a Benne való hitnek megfelelően, ha vágysz Rá, hogy meghalld, meglásd és megtapasztald Őt, mindez megadatik neked.

Jaerock Lee

Tartalomjegyzék

Hit: A remélt dolgok biztosítéka

Előszó

Első fejezet
Testi és szellemi hit 1

Második fejezet
A test által meghatározott elme ellenséges Istennel 13

Harmadik fejezet
Minden gondolatot és elméletet tegyél tönkre magatokban 29

Negyedik fejezet
Vessétek el a hit magjait   43

Ötödik fejezet
„Ha hiheted azt, minden lehetséges a hívőnek!"   57

Hatodik fejezet
Dániel csak Istenre támaszkodott   71

Hetedik fejezet
Isten előre adakozik   85

Első fejezet

Testi és szellemi hit

A hit pedig a reménylett dolgoknak valósága,
és a nem látott dolgokról való meggyőződés.
Mert ezzel szereztek [jó] bizonyságot a régebbiek.
Hit által értjük meg, hogy a világ Isten beszéde által teremtetett,
hogy a mi látható, a láthatatlanból állott elő.

Zsidókhoz 11,1-3

A lelkész gyönyörködik, ha azt látja, hogy a nyája igaz hittel rendelkezik, és dicsőíti Istent igaz hittel. Egyrészt, amikor egyesek tanúi lesznek az élő Istennek, és arról tanúskodnak, hogy az életüket Krisztusnak szentelték, a lelkész is örül, és még inkább a buzgó feladatának él, amit Isten neki adott. Másrészt, amikor mások nem fejlődnek a hitben, és kísérleteket és megpróbáltatásokat tapasztalnak meg, a lelkész is érzi a fájdalmukat, és a szíve nyugtalan.

Hit nélkül, nem csak lehetetlen, hogy Isten válaszait megkapjuk, de ez is nagyon nehéz, hogy reménykedjünk a mennyek országában, és megfelelő hitéletet éljünk. A hit a legfontosabb alapja a keresztény ember életének. Ez a legrövidebb út az üdvösséghez, és lényegében egy szükségszerűség ahhoz, hogy választ kapjunk Istentől. Napjainkban, mivel az embernek fogalma sincs a hit helyes meghatározásáról, sok ember nem rendelkezik igaz hittel. Nem érzik az üdvösséget bebiztosítva. Nem járnak a fényben, és nem kapnak választ Istentől, bár azt vallják, hogy hisznek Istenben.

A hit két kategóriába sorolható: a testi és a lelki hit. Az első fejezet elmagyarázza, hogy mi az igaz hit, és hogyan kaphatunk válaszokat Istentől úgy, hogy az igaz hit által az örök élethez vezető ösvényre álljunk.

1. Testi hit

Ha abban hiszel, ami látható a szemnek, és azokban a dolgokban, amelyek kellemesek a tudásod és a gondolataid szempontjából, „testi hited" van. Ezzel a testi hittel csak azokat a dolgokat hiheted el, amelyeken látható, hogy miből készültek. Például, úgy gondolod, hogy egy asztal fából készül.

A „hit, mint a tudás" testi hitnek is nevezhető. Ezzel a testi hittel csak azt hisszük el, ami összhangban van a tudásunkkal és az agyunkban eltárolt gondolatainkkal. Lehet, nem kételkedsz abban, hogy egy asztal fából készült, mert már láttad vagy hallottad, hogy az asztal fából van, és meg is érted ezt.

Az embereknek egy memória-rendszer van az agyukban. Születésüktől kezdve sokféle tudást raktároznak el ebben. Tárolják az agysejtekben a tudást, amit láttak, hallottak, megszereztek a szüleik, testvérek, barátok, szomszédok és iskolai tanítóik által, és szükség szerint használják a tárolt tudásukat.

Nem minden tudás, amit eltárolt az agyuk, tartozik az igazsághoz. Isten szava az igazság, mert örökre érvényes, míg a világi tudás könnyen változik, és az igazság és a hazugság keveréke. Mivel nem teljesen értik az igazságot, az emberek a világon nem tudják, hogy a hazugságokkal úgy visszaélnek, mintha igazságok lennének. Például úgy vélik, az evolúció elmélete helyes, mert csak az evolúció elméletét tanulták az iskolában anélkül, hogy tudnák az Isten igéjét.

Azok, akiknek már megtanították, hogy a dolgok valamiből vannak, ami létezik, nem hiszik el, hogy valami a semmiből készül.

Ha egy ember, akinek testi hite van, rákényszerül, hogy elhiggye: valami a semmiből készül, a születése óta felhalmozott tudása megakadályozza őt abban, hogy ezt elhiggye, és a kétségei kísérni fogják őt, és nem fogja elhinni.

János evangéliumának harmadik fejezetében, egy zsidó vezető, akit Nikodémusnak hívtak, Jézushoz jött, és lelki dolgokról beszélt vele. A beszélgetés során Jézus kihívta őt, mondván: *„Ha a földiekről szóltam néktek és nem hisztek, mimódon hisztek, ha a mennyeiekről szólok néktek?"* (12. vers)

Amikor elkezdi a keresztény életét, az ember eltárolja az Isten szavát úgy, amint hallja. De nem tudja teljesen elhinni a kezdetektől fogva, és a hite testinek minősül. Ezzel a testi hittel kétségek merülnek fel benne, és nem él az Isten szavának megfelelően, nem kommunikál Istennel, és nem kéri az Ő szeretetét. Ezért a testi hitet nevezik a „cselekedetek nélküli hitnek," vagy „holt hitnek" is.

A testi hittel nem üdvözülhetünk. Jézus ezt mondta Máté 7,21-ben: *„Nem minden, a ki ezt mondja nékem: Uram! Uram! megyen be a mennyek országába; hanem a ki cselekszi az én mennyei Atyám akaratát"* és a Máté 3,12-ben: *„A kinek szóró* *lapát van az ő kezében, és megtisztítja az ő szérűjét; és az ő gabonáját csűrbe takarítja, a polyvát pedig megégeti olthatatlan tűzzel."* Röviden, ha nem gyakoroljuk az Isten szavát, és kiderül, hogy a hitünk cselekedetek nélkül, akkor nem tudunk belépni a mennyek országába.

2. Spirituális hit

Ha hiszel azokban a dolgokban, amelyeket nem lehet látni, és azokban, amelyek nem egyeznek az emberi gondolatokkal és tudással, akkor úgy kell tekinteni, hogy a hited spirituális. Ezzel a spirituális hittel lehet elhinni, hogy valamit lehet teremteni a semmiből.

A spirituális hitet a Zsidókhoz írt levél 11,1 része így definiálja: *"A hit pedig a reménylett dolgoknak valósága, és a nem látott dolgokról való meggyőződés. Mert ezzel szereztek [jó] bizonyságot a régebbiek."* Más szóval, ha megnézzük a dolgokat a lelki szemeinkkel, valósággá válnak a számunkra, és amikor megjelenik a hit által az, ami nem látható, feltárul az a meggyőződés, amellyel lehet hinni. A spirituális hittel, amit nem lehet megtenni a testi hittel – amely „a hit, mint tudás" – lehetséges lesz bármi, és kiderül, mi a valóság.

Például, amikor Mózes meglátta a dolgokat a hit szemével, a Vörös-tenger kettévált, és Izrael népe átkelhetett a szárazföldön (Mózes 14,21-22). És amikor Józsué, Mózes utódja és az ő népe

Jerikó városát hét napig körüljárta, majd kiabált a városfalon, a város elesett (Józsué 6,12-20). Ábrahám, a hit atyja engedelmeskedett az Isten parancsának, és felajánlotta az egyetlen fiát, Izsákot, aki az Isten ígéretének a magja volt, mert elhitte, hogy Isten képes feltámasztani egy embert a halálból (Teremtés 22,3-12). Ez az egyik oka annak, hogy a lelki hitet úgy nevezik, hogy „hit, amelyet cselekedetek kísérnek," és „élő hit."

A Zsidókhoz írt levél 11,3 ezt tartalmazza: *„Hit által értjük meg, hogy a világ Isten beszéde által teremtetett, hogy a mi látható, a láthatatlanból állott elő."* Az eget és a földet, és minden dolgot, ami bennük van, beleértve a napot, holdat, csillagokat, fákat, madarakat, halakat és a vadállatokat, az Isten szava hozta létre, és az Isten alakította ki az embert is a föld porából. Mindezek a semmiből lettek, és ezt a tényt csak a lelki hit segítségével tudjuk megérteni.

Nem minden volt látható a szemnek, mint látható valóság, hanem az Isten ereje, azaz az Ő szava, mindent megteremtett. Ezért valljuk, hogy Isten mindenható és mindentudó, és Tőle tudjuk fogadni bármit, amit kértek a hit által. Ezért valljuk, hogy Isten mindenható és mindent tudó, és bármit megkaphatunk Tőle, amit hittel kértünk. Isten a mi Atyánk, és mi az Ő gyermekei vagyunk, így mindent elkövet értünk, mert hittünk.

Ahhoz, hogy választ kapjunk, és megtapasztaljuk a csodákat a hit által, a testi hitet meg kell szüntetnünk, és ki kell alakítanunk magunkban a lelki hitet. Először is, meg kell értenünk, hogy az agyunkban tárolt tudás a születésünk óta, és a testi hitünk, amely ez alapján alakult ki, megakadályozza, hogy rendelkezzünk spirituális hittel. Le kell rombolnunk a tudást, amely kétségeket hoz, és el kell hogy távolítsuk azt, mert az agy eltárolta, és félrevezetett bennünket. Amikor hallgatjuk és megértjük az Isten szavát, a szellem tudása egyre inkább eltárolódik bennünk, és ha tanúja leszünk a jeleknek és csodáknak, amelyek feltárulnak Isten ereje által, és megtapasztaljuk az élő Isten megnyilvánult sok csodáját – amelyek a hívők tanúvallomása alapján jutnak el hozzánk – a kételyeink eltűnnek, és a spirituális hitünk növekszik.

Ahogy a spirituális hited növekszik, Isten szava szerint élhetsz, kommunikálhatsz Vele, és választ kaphatsz Tőle. Amikor a kételyek teljesen elhagynak, a hit szikláján állsz, és úgy lehet rád tekinteni, hogy megvan az erős hited, amellyel bármilyen erőpróbán vagy teszten sikeresen átmész, és sikeres életet élsz.

Ezzel a hitbeli sziklával kapcsolatban Jakab 1,6 erre figyelmeztet minket: *„De kérje hittel, semmit sem kételkedvén: mert a ki kételkedik, hasonlatos a tenger habjához, a melyet a szél hajt és ide s tova hány,"* és Jakab 2,14 ezt kérdi tőlünk: *„Mi a haszna, atyámfiai, ha valaki azt mondja, hogy hite van, cselekedetei pedig nincsenek? Avagy megtarthatja-é őt a hit?"*

Ezért arra kérlek, hogy ne feledd, hogy csak ha minden

kétséget eldobtál, fogsz a hit szikláján állni, és a hit tetteit cselekedni, és ekkor mondhatjuk, hogy rendelkezel szellemi és igaz hittel, amellyel üdvözülhetsz.

3. Igaz hit és örök élet

A tíz szűz története, amelyet a Máté 25. fejezetében olvashatunk, sok tanítást nyújt számunkra. A példázat szerint a tíz szűz lámpát vett a kezébe, és kiment a vőlegény elé. Öten körültekintőek voltak, és olajat is vittek a lámpák mellé, és sikeresen fogadták a vőlegényt, de mivel a másik öt bolond volt, és nem vett olajat magához, nem tudták várni a vőlegényt. Ez a példázat elmagyarázza nekünk, hogy azok a hívők, akik hűséges hívő életét élnek, és készülnek az Úr visszatérésére lelki hittel, üdvözülnek, míg mások, akik nem megfelelően készülnek, nem lesznek képesek üdvösséget nyerni, mert a hitük halott, amely nem párosul cselekedetekkel.

A Máté 7,22-23-ban Jézus ráébreszt bennünket arra, hogy bár sokan prófétáltak, démonokat űztek ki és csodákat tettek az ő nevében, nem mindenikük üdvözülhet. Ez azért van, mert kiderült, hogy ők a pelyva, akik nem cselekedtek az Isten akarata szerint, hanem törvénytelenségeket és bűnt követtek el.

Hogyan tudjuk megkülönböztetni a pelyvát a búzától? A Compact Oxford English Dictionary szerint a „pelyva" „az a héj, amely leválik a gabonáról rostálás vagy cséplés által." A pelyva azokat a hívőket jelképezi, akik úgy tűnik, hogy Isten szava szerint élnek, de rosszakat cselekednek anélkül, hogy a szívüket megváltoztatnák az igazságnak megfelelően. Minden vasárnap templomba mennek, befizetik a tizedet, imádkoznak Istenhez, vigyáznak a gyenge egyháztagokra és szolgálják az egyházat, de ezeket a dolgokat nem Isten előtt, Neki teszik, hanem a körülöttük élők számára, mintegy show-ként. Ezért ők pelyvának számítanak, és nem üdvözülhetnek.

A búza a hívőkre utal, akik szellemi emberré váltak Isten igazsága által, és rendelkeznek a hittel, amely nem rendül meg a körülmények hatására, és semmilyen körülmény között nem fordul balra vagy jobbra. Nem a mások erejéből cselekszenek, hanem mindent örömmel és hálával tesznek. Mivel követik a Szentlélek hangját, hogy Istennek tessenek, és hittel cselekedjenek, a lelkük boldogul, minden jól megy nekik, és jó egészségnek örvendenek.

Most arra kérlek, hogy vizsgáld meg magad, hogy imádtad-e Istent az igazságban és a szellemben, vagy elbóbiskoltál, és követted a tétlen gondolataidat, vagy netán elítélted az Isten szavát az istentiszteleteken. Azt is meg kell nézned, hogy a felajánlásokat örömmel adtad-e, vagy csak takarékosan vetettél, vagy vonakodva, csak azért, hogy mások szemében jónak tűnj fel. Minél erősebb a spirituális hited, annál inkább követik a tettek. És, amilyen mértékben gyakorlod az Isten szavát, élő hit adatik neked, és Isten szeretetében és áldásában fogsz lakni, Vele fogsz sétálni, és sikeres leszel, mindenben. Minden áldás, amit a Bibliában feljegyeztek, rád fog szállni, mert hű az Isten, és az Ő ígéreteit betartja, ahogy írva van a Számok 23,19-ben: „*Nem ember az Isten, hogy hazudjék és nem embernek fia, hogy megváltozzék. Mond-é ő valamit, hogy meg ne tenné? Igér-é valamit, hogy azt ne teljesítené?*"

Azonban, ha részt vettél az istentiszteleteken, imádkoztál rendszeresen, és szolgáltál a templomban szorgalmasan, de nem sikerülnek a szíved vágyai, akkor meg kell értened, hogy valami nincs rendben a részedről.

Ha igaz hited van, követned és gyakorolnod kell Isten szavát. Ahelyett, hogy ragaszkodsz a saját gondolataidhoz és tudásodhoz, el kell ismerned, hogy csak az Isten szava az igazság, és bátran el kell pusztítanod bármit, ami az Isten szava ellen van. A gonosz minden formáját el kell dobnod magadtól úgy, hogy szorgalmasan hallgatod Isten szavát, és el kell érned a megszentelődést a szüntelen imádság révén.

Nem igaz, hogy üdvözülünk az által, hogy részt veszünk az istentiszteleteken, és meghallgatjuk az Isten szavát, és eltároljuk, mint tudást. Ha nem gyakoroljuk, akkor csak halott hit, cselekedetek nélkül. Csak ha rendelkezünk igazi és spirituális hittel, és az Isten akaratának megfelelően cselekszünk, leszünk képesek belépni a mennyek országába, és élvezni az örök életet.

Kívánom, hogy vedd észre: Isten azt akarja, hogy a lelki

hitedet kísérjék a cselekedetek, és örök életet élvezz, és a kiváltságot, hogy Isten gyermekeként igaz hittel bírsz!

Második fejezet

A test által meghatározott elme ellenséges Istennel

„Mert a test szerint valók a test dolgaira gondolnak;
a Lélek szerint valók pedig a Lélek dolgaira.
Mert a testnek gondolata halál;
a Lélek gondolata pedig élet és békesség.
Mert a test gondolata ellenségeskedés Isten ellen;
minthogy az Isten törvényének nem engedelmeskedik,
mert nem is teheti. A kik pedig testben vannak,
nem lehetnek kedvesek Isten előtt."

A rómaiakhoz írt levél 8,5-8

A test által meghatározott elme ellenséges Istennel • 15

Ma nagyon sokan járnak templomba, és megvallják a hitüket a Jézus Krisztusban. Ez örömteli és jó hír számunkra. De a mi Urunk, Jézus azt mondta a Máté 7,21-ben: „*Nem minden, a ki ezt mondja nékem: Uram! Uram! megyen be a mennyek országába; hanem a ki cselekszi az én mennyei Atyám akaratát.*" És a Máté 7,22-23-ban még hozzáadta: „*Sokan mondják majd nékem ama napon: Uram! Uram! nem a te nevedben prófétáltunk-é, és nem a te nevedben űztünk-é ördögöket, és nem cselekedtünk-é sok hatalmas dolgot a te nevedben? És akkor vallást teszek majd nékik: Sohasem ismertelek titeket; távozzatok tőlem, ti gonosztevők.*"

És Jakab 2,26 ezt mondja nekünk: „*Mert a miképen holt a test lélek nélkül, akképen holt a hit is cselekedetek nélkül.*" Ezért van az, hogy a hitedet teljessé kell tenned az engedelmesség tetteivel, így fel lehet majd téged ismerni, mint Isten igaz gyermekét, aki mindent megkapott, amit kért.

Miután elfogadjuk Jézus Krisztust, mint Megváltónkat, az elménk örömünket leli Isten szavában, és szolgálja azt. Azonban, ha nem sikerül betartani Isten parancsolatait, akkor a bűn törvényét szolgálja a testünk, és nem tetszünk Istennek. Ez azért van, mert a testi gondolatainkkal ellenségesek vagyunk Isten felé, és nem eshetünk Isten törvényének a hatálya alá.

De ha levetettük a testi gondolatokat, és a lelki gondolatokat követjük, az Isten Lelke vezethet bennünket, betartjuk majd a parancsolatokat, és Istennek kedvére leszünk, ahogy Jézus is betöltötte a törvényt a szeretettel. Így, Isten ígérete, amely azt mondja: „Minden lehetséges annak, aki hisz," beteljesedik rajtunk.

Most ássunk mélyebbre abban, mi a különbség a testi és a lelki gondolatok között. Lássuk, miért ellenségesek Istennel a testi gondolatok, és hogyan tudjuk elkerülni a testi gondolatokat, és sétálni a Lélek szerint, hogy kedvesek legyünk Isten előtt.

1. Egy testi ember a testi vágyakra gondola, míg egy spirituális ember a szellemi dolgokra

1) A hús, és a hús vágyai

A Bibliában olyan terminológiát találunk, mint „a test", „a test dolgai", „a test kívánságai", és „a test cselekedetei." Ezek a szavak hasonló jelentéssel bírnak, és az összes jelentésük eltűnik és megromlik, miután elhagyjuk ezt a világot.

A hús cselekedeteit találjuk leírva a Galateák 5,19-21-ben: *„A testnek cselekedetei pedig nyilvánvalók, melyek [ezek]: házasságtörés, paráznaság, tisztátalanság, bujálkodás. Bálványimádás, varázslás, ellenségeskedések, versengések, gyűlölködések, harag, patvarkodások, viszszavonások, pártütések, Irígységek, gyilkosságok, részegségek, dobzódások és ezekhez hasonlók: melyekről előre mondom néktek, a miképen már ezelőtt is mondottam, hogy a kik ilyeneket cselekesznek, Isten országának örökösei nem lesznek."*

A Rómaiak 13,12-14-ben Pál apostol figyelmeztet bennünket a hús vágyairól, mondva: „*Az éjszaka elmúlt, a nap pedig elközelgett; vessük el azért a sötétségnek cselekedeteit, és öltözzük fel a világosság fegyvereit. Mint nappal, ékesen járjunk, nem dobzódásokban és részegségekben, nem bujálkodásokban és feslettségekben, nem versengésben és írigységben: Hanem öltözzétek fel az Úr Jézus Krisztust, és a testet ne tápláljátok a kívánságokra.*"

Van egy elménk, és vannak gondolataink. Amikor bűnös vágyak és hazugságok vannak a fejünkben, ezek a bűnös vágyak és a hazugság „a test vágyai", és ha ezek a bűnös vágyak cselekedetekben megnyilvánulnak, ezek az úgynevezett „testi cselekedetek." A test vágyai és cselekedetei az igazság ellen valók, és senki, aki elmerül bennük, nem örökölheti Isten országát.

Ezért Isten erre figyelmeztet bennünket az 1 Korinthusiak 6,9-10-ben: „*Avagy nem tudjátok-é, hogy igazságtalanok nem örökölhetik Istennek országát? Ne tévelyegjetek; se paráznák, se bálványimádók, se házasságtörők, se pulyák, se férfiszeplősítők, Se lopók, se telhetetlenek, se részegesek, se szidalmazók, se ragadozók nem örökölhetik Isten országát,*" és az 1 Korinthusiak 3,16-17-ben: „*Nem tudjátok-é, hogy ti Isten temploma vagytok, és az Isten Lelke lakozik bennetek? Ha valaki az Isten templomát megrontja, megrontja azt az Isten. Mert az Istennek temploma szent, ezek vagytok ti.*"

Mint a fenti részekben láttuk, fel kell ismernünk, hogy a

gonoszok, akik bűnöket és rossz cselekedeteket követnek el, nem örökölhetik Isten országát – azokat, akik a test cselekedeteit gyakorolják, nem lehet megmenteni. Maradjunk éberek, hogy ne essünk kísértésbe a lelkészek által, akik azt mondják, hogy üdvözülhetünk kizárólag a templomba járás által. Az Úr nevében könyörgök, hogy nem essünk kísértésbe, és gondosan vizsgáljuk meg az Isten szavát.

2) A Lélek, és a Lélek vágyai

Minden ember szellemből, lélekből és testből áll, de a test romlékony. A test csak otthont ad a szellemnek és a léleknek. A szellem és a lélek elpusztíthatatlan dolgok, amelyek irányítják az elménk működését, és felruháznak bennünket élettel.

A szellem két kategóriába sorolható: a szellem, amely az Istené, és a szellem, amely nem tartozik Istenhez. Ezért 1 János 4,1 ezt mondja: *„Szeretteim, ne higyjetek minden léleknek, hanem próbáljátok meg a lelkeket, ha Istentől vannak-é; mert sok hamis próféta jött ki a világba."*

Isten Szelleme segít nekünk megvallani, hogy Jézus Krisztus testben eljött, és elvezet bennünket, hogy megismerjük a dolgokat szabadon, amelyeket nekünk adott az Isten (1 János 4,2; 1 Korinthusiak 2,12).

Jézus ezt mondta a János 3,6-ban: *„A mi testtől született, test az; és a mi Lélektől született, lélek az."* Ha elfogadjuk Jézus Krisztust, és megkapjuk a Szentlelket, a Szentlélek beköltözik a

A test által meghatározott elme ellenséges Istennel · 19

szívünkbe, megerősít bennünket, hogy megértsük Isten szavát, segít nekünk, hogy az igazság szerint éljünk, és elvezet bennünket, hogy a szellem emberei legyünk. Amikor a Szentlélek a szívünkbe költözik, a holt lelkünket újraéleszti, tehát azt mondják, hogy újjászületünk a Lélek által, és megszenteltté válunk a szívünk körülmetélésével.

A mi Urunk Jézus Krisztus ezt mondta a János 4,24-ben: *"Az Isten lélek: és a kik őt imádják, szükség, hogy lélekben és igazságban imádják."* A szellem a negyedik dimenziójú világhoz tartozik, így Isten, aki szellem, nem csak mindannyiunk szívét látja, hanem mindent tud rólunk.

A János 6,63-ban ezt olvassuk: *"A lélek az, a mi megelevenít, a test nem használ semmit: a beszédek, a melyeket én szólok néktek, lélek és élet."* Jézus megmagyarázza nekünk, hogy a Szentlélek életet ad nekünk, és Isten szava a Lélek.

A János 14,16-17 ezt tartalmazza: *"És én kérem az Atyát, és más vígasztalót ád néktek, hogy veletek maradjon mindörökké. Az igazságnak ama Lelkét: a kit a világ be nem fogadhat, mert nem látja őt és nem ismeri őt; de ti ismeritek őt, mert nálatok lakik, és bennetek marad."* Ha a Szentlélek megszáll bennünket, és Isten gyermekeivé válunk, a Szentlélek el fog vezetni bennünket az igazsághoz.

A Szentlélek lakozik bennünk, miután elfogadtuk az Urat, és megszüli a szellemet bennünk. Elvezet bennünket az igazsághoz, és segít észrevenni minden gonoszságot, valamint abban is, hogy megtérjünk, és elforduljunk tőlük. Ha az igazság ellen állunk, a Szentlélek sóhajtozik, gondterheltnek érezzük magunkat, és arra ösztönöz bennünket, hogy vegyük észre a bűneinket, és érjük el a megszentelődést.

Ezen kívül, a Szentlelket Isten Lelkének hívják (1 Korinthusiak 12,3), valamint az Úr Lelkének (Apostolok 5,9; 8,39). Isten Lelke az örök igazság és az életadó Lélek, mely elvezet minket az örök életre.

Másrészt, az a lélek, amely nem tartozik az Istenhez, hanem az Isten Lelke ellen van, nem azt vallja, hogy Jézus megtestesült a világon, és úgy hívják, hogy „a világ szelleme," (1 Korinthusiak 2,12), az „antikrisztus szelleme" (1 János 4,3) „csalárd szellemek" (1 Timóteus 4,1), és „tisztátalan lelkek" (Jelenések 16,13). Mindezek a szellemek az ördögtől valók. Nem az Igazság Lelkétől valók. Ezek a hazug szellemek nem adnak életet, hanem az embereket pusztulásba vezetik.

A Szentlélek Isten tökéletes Lelkére utal, így – amikor elfogadjuk Jézus Krisztust, és Isten gyermekeivé válunk, megkapjuk a Szentlelket, és a Szentlélek megszüli a szellemet és az igazságot bennünk, és megerősít bennünket, hogy a Szentlélek gyümölcsét teremjük, valamint az igazságot és a Fényt. Mivel hasonlítani fogunk Istenre a Szentlélek munkája által, ő fog vezetni minket, Isten fiainak fognak bennünket nevezni, és

Istent „Abba! Apám!"-ként fogjuk hívni, mivel fiúként kezelnek bennünket (Róma 8,12-15).

Ezért, mivel a Szentlélek vezet bennünket, a Szentlélek kilenc gyümölcsét teremjük, melyek a szeretet, öröm, békesség, türelem, kedvesség, jóság, hűség, szelídség és önmegtartóztatás (Galateák 5,22-23). Az igazság gyümölcsét is teremjük, és a Fény gyümölcseit, melyek jóságból és igazságból állnak, amelyekkel elérhetjük a teljes üdvösséget (Efézus 5,9).

2. A testi gondolatok halálhoz, míg a szellemi gondolatok élethez és békéhez vezetnek

Ha a húst követed, a test dolgaira koncentrálsz az elmédben. A test szerint fogsz élni, és bűnöket fogsz elkövetni. Ez után, Isten szava szerint, mely ezt mondja: „a bűnük fizetsége a halál," nem történhet más, mint hogy halálra jutsz. Ezért az Úr erre kér minket: *„Mi a haszna, atyámfiai, ha valaki azt mondja, hogy hite van, cselekedetei pedig nincsenek? Avagy megtarthatja-é őt a hit? Azonképen a hit is, ha cselekedetei nincsenek, megholt ő magában"* (Jakab 2,14; 17).

Ha az elméd a testre koncentrál, nem csak azt okozza ez neked, hogy bűnözni fogsz, és szenvedni a különböző bajoktól a földön, hanem ugyanakkor nem lesz képes, hogy bejuss a mennyek országába sem. Szóval, tartsd ezt szem előtt, és tedd a test cselekedeteit félre, hogy ily módon örök életet nyerhess

(Rómaiakhoz írt levél 8,13).

Ezzel ellenkezőleg, ha követed a Lelket, akkor A Lélekre fogsz összpontosítani, és a tőled telhető legtöbbet fogod adni azért, hogy az igazságban élj. Ez után a Szentlélek segít majd harcolni az ellenséges ördög és a Sátán ellen, levetni a valótlanságokat, és az igazságban sétálni. Ekkor válhatsz szentté.

Tegyük fel, hogy valaki megüti az arcodat, ok nélkül. Lehet, hogy dühös leszel, de spirituális gondolatokat is követhetsz, ha emlékezel Jézus keresztre feszítésére. Mivel az Isten szava azt mondja, hogy fordítsuk az arcunk másik felét is oda, ha az egyik felét megütötték, és örvendezzünk mindig, minden körülmény között, meg tudsz bocsátani, türelmesen elviselni a bajt, és szolgálni a másik embert. Ennek eredményeként, nem leszel zaklatott. Ily módon meg tudod teremteni a békét a szívedben. Amíg nem válsz szentté, lehet, hogy szemrehányást teszel neki, mert gonosz marad benned. De, miután levetettél minden gonoszságot, szeretetet fogsz érezni iránta, annak ellenére, hogy látod a hibáit.

Így, ha a Lélekre gondolsz, keresni fogod a lelki dolgokat, és az igazságnak megfelelően fogsz beszélni. Ennek eredményeként megkapod az üdvösséget és az igaz életet, és az életed tele lesz békével és áldással.

3. A testi gondolatok ellenségesek Istennel

A testi gondolatok megakadályoznak abban, hogy Istenhez imádkozz, míg a lelkiek arra biztatnak, hogy imádkozz Hozzá. A testi gondolatok eredményeként ellenségeskedés és veszekedés születik, míg a lelkiek nyomán szeretet és béke lesz. Hasonlóképpen, a testi gondolatok az igazság ellen vannak, és valójában az ellenséges ördög akarata és gondolatai ezek. Ezért, ha továbbra is követed a testi gondolatokat, gátat építesz Isten ellen, és Isten akarata ellen lesz ez.

A testi gondolatok nem hoznak békét, csak gondokat, aggodalmakat és bajokat. Egyszóval, a testi gondolatok teljesen értelmetlenek, és nem hoznak hasznot. A mi Isten Atyánk mindenható, és mint a Teremtő, uralkodik az ég és a föld felett, és minden más felett, ami bennük van, beleértve a mi lelkünket és testünket. Mit nem adott volna oda értünk, az Ő szeretett gyerekeiért? Ha az apád elnök egy nagy ipari csoportban, soha nem kell aggódnod a pénz miatt, és ha az apád tökéletes orvos, a jó egészség garantált a számodra.

Amint Jézus mondta a Márk 9,23-ban: *„Ha hiheted azt, minden lehetséges a hívőnek,"* a spirituális dolgok hitet és békét hoznak neked, míg a testi gondolatok megakadályoznak abban, hogy Isten akaratát és munkáit megvalósítsd, mert tele leszel aggodalommal, gonddal. Ezért, a testi dolgok tekintetében, a Rómaiak 8,7 ezt mondja: *„a test gondolata ellenségeskedés Isten* *ellen; minthogy az Isten törvényének nem engedelmeskedik, mert nem is teheti."*

Mi vagyunk Isten gyermekei, akik Istent szolgálják, és úgy hívják Őt: „Atyám." Ha nincs öröm benned, hanem úgy érzed, zavaros, csüggedt, és aggódó vagy, ez azt bizonyítja, hogy testi gondolatokat követsz, melyeket az ellenség ördög és a Sátán idéz elő, a lelki gondolatok helyett, amelyeket az Isten ad. Meg kell hogy bánjuk ezt, azonnal, el kell fordulnunk tőle, és lelki gondolatokat kell keresnünk. Ez azért van, mert Istennek csak úgy tudjuk odaadni magunkat, és úgy engedelmeskedhetünk Neki, ha az elménk a spirituális utat követi.

4. Azok, akik a testet követik, nem lehetnek Isten kedvére valók

Azok, akik a fejükben a test dolgait követik, Isten ellen vannak, és nem tudják alávetni magukat Isten törvényének. Ők ellenszegülnek Istennek, és nem lehetnek a Kedvére, és végül bajoktól és erőpróbáktól szenvednek.

Mivel Ábrahám, a hit atyja, mindig a spirituális gondolatokat kereste, még azt a parancsát is tudta Istennek teljesíteni, hogy az egyetlen fiát, Izsákot ajánlja fel mint égőáldozatot. Ezzel ellenkezőleg, Saul király, aki a testi gondolatokat követte, végül egyedül maradt, Jónás erős viharba került, majd elnyelte egy nagy cethal, az izraelitáknak pedig szenvedniük kellett negyven kemény évig a pusztában, a kivonulás után.

Ha spirituális gondolatokat követsz, és a hit cselekedeteit hajtod végre, akkor a szíved vágyai teljesülnek, ahogy ígérték a Zsoltárok 37,4-6-ban: „Gyönyörködjél az Úrban, és megadja néked szíved kéréseit. Hagyjad az Úrra a te útadat, és bízzál benne, majd ő teljesíti. Felhozza a te igazságodat, mint a világosságot, és a te jogodat, miként a delet."

Aki valóban hisz Istenben, meg kell szüntetnie az összes engedetlenséget magában, melyet az ellenség ördög okoz, meg kell tartania Isten parancsait, és meg kell tennie azokat a dolgokat, amelyek tetszenek Istennek. Olyan ember lesz belőle ily módon, aki képes lesz bármit megkapni, amit kér.

5. Hogyan követhetjük a Lélek munkáit?

Jézus, aki az Isten Fia, eljött erre a földre, és búzaszem lett a bűnösökért, majd meghalt értük. Előkészítette az utat az üdvösséghez, hogy bárki, aki elfogadja Őt, Isten gyermeke legyen, és számtalan gyümölcsöt learatott. Csak a spirituális gondolatokra törekedett, és engedelmeskedett Isten akaratának, visszahozta a holtakat az életbe újra, betegeket gyógyított meg mindenféle betegségekből, és kiterjesztette Isten királyságát.

Mit kell tenned annak érdekében, hogy Jézusra hasonlíts, és

Istennek kedvére legyél?

Először is, a Szentlélek segítségével, az imák által kell élned. Ha nem imádkozol, az ördög munkái utolérnek, és a testi gondolatok szerint fogsz élni. Azonban, ha szüntelenül imádkozol, akkor megkapod a Szentlélek munkáját az életedben, meg tudod, hogy mi az igazság, a bűn ellen mehetsz, mentes lehetsz az ítélkezéstől, követheted a Szentlélek vágyait, és igazzá válhatsz az Isten előtt. Még az Isten Fia, Jézus is, az imák által valósította meg Isten munkáit. Mivel ez az Isten akarata, hogy szüntelenül imádkozzunk, ha nem hagyjuk abba az imát, csak spirituális gondolataink lesznek, és kedvesek leszünk Isten előtt.

Másodszor, meg kell valósítanod a lelki dolgokat, még akkor is, ha nem akarod. A hit cselekedetek nélkül csak hit, mint tudásnak minősül. Azaz, halott hit. Amikor tudod, hogy mit kell tenned, de nem teszed, ez a bűn. Tehát, ha azt szeretnéd, hogy kövesd Isten akaratát, és a Kedvére tegyél, meg kell mutatnod a hit tetteit.

Harmadszor, bűnbánatot kell tartanod, és erőt kell kapnod fentről, hogy rendelkezhess azzal a hittel, amelyet cselekedetek követnek. Mivel a testi gondolatok ellenségesek Isten felé, és nem tetszenek Neki, valamint bűnfalakat képeznek Isten és közötted, meg kell bánnod őket, és meg kell szabadulnod tőlük. A bűnbánatra mindig szükség van egy jó keresztény élethez, de ahhoz, hogy eldobd őket, szét kell szaggatnod a szíved, és meg kell bánnod őket.

Ha elköveted a bűnöket, amelyekről tudod, hogy nem lenne szabad, a szíved megsínyli. Ha bűnbánatot tartasz a bűneidért könnyes imák között, a gondok és aggodalmak el fognak hagyni, felfrissülsz, megbékélsz Istennel, a béked újra megteremtődik, és megkapod a szíved kívánságát. Ha továbbra is imádkozol azért, hogy megszabadulj a gonosz minden formájától, megbánod a bűneidet, a szívedet széttépve. A bűnös tulajdonságaid is elégnek a Szentlélek tüzétől, és a bűnfalak megsemmisülnek. Ezután képes leszel a Szentlélek munkái szerint élni, és Istennek kedvére lenni.

Ha úgy érzed, terhelt a szíved, miután megszállt a Szentlélek a Jézus Krisztusba vetett hit által, ez azért van, mert most rájöttél, hogy Isten ellen vagy a testi gondolatok miatt. Szóval, el kell pusztítanod a bűnfalakat a buzgó imáddal, majd követned kell a Szentlélek vágyait, és a spirituális gondolatok szerint meg kell valósítanod a Szentlélek munkáit. Ennek eredményeként, béke és öröm száll majd a szívedbe, válaszokat kapsz az imádra, és a szíved vágya teljesül majd.

Amint Jézus mondta a Márk 9,23-ban: *„Minden lehetséges annak, aki hisz,"* kívánom, mindannyian dobjátok el a testi gondolatokat, amelyek Isten ellen vannak, és hittel járjatok a Szentlélek szerint, így Istennek tetszeni fogtok, az Ő határtalan munkáit megvalósítjátok, és magasztaljátok az Ő országát, a mi

Urunk Jézus Krisztus nevében imádkozom ezért!

Harmadik fejezet

Minden gondolatot és elméletet tegyél tönkre magatokban

„Mert noha testben élünk,
de nem test szerint vitézkedünk.
Mert a mi vitézkedésünk fegyverei nem testiek,
hanem erősek az Istennek, erősségek lerontására;
Lerontván okoskodásokat és minden magaslatot,
a mely Isten ismerete ellen emeltetett,
és foglyul ejtvén minden gondolatot,
hogy engedelmeskedjék a Krisztusnak;
És készen állván megbüntetni minden engedetlenséget,
mihelyst teljessé lesz a ti engedelmességtek."

2 Korinthusiak 10,3-6

Minden gondolatot és elméletet tegyél tönkre magatokban • 31

A hit két kategóriába sorolható: lelki és testi hit. A testi hitet nevezik még a hit, mint tudásnak. Amikor először meghallgatjuk Isten szavát, akkor a hitünk olyan lesz, mint a tudás. Ez testi hit. De amikor megérted és gyakorlod az igét, spirituális hited lesz.

Ha megérted szellemi értelemben az Isten igazságát, és megalapozod a hitedet azzal, hogy gyakorlod azt, Isten örvendezni fog, és spirituális hitet nyersz. Így ezzel a spirituális hittel, amit felülről kapsz, választ kapsz az imáidra, és megoldásokat a problémáidra. Azt is megtapasztalod, milyen az élő Istennel találkozni.

Ez által a tapasztalat által, a kétségek elhagynak, az emberi gondolatok és elméletek elpusztulnak benned, és a hit szikláján állsz majd, ahol soha nem ráz meg semmiféle kísérlet vagy megpróbáltatás. Ha az igazság emberévé válsz, és Krisztushoz hasonlít a szíved, ez azt jelenti, hogy a hit alapja végleges lesz benned. A hit ezen alapjával megkaphatsz bármit, amit hittel kértél.

Amint Jézus mondta a Máté 8,13-ban: *„Eredj el, és legyen néked a te hited szerint,"* ha teljes lelki hited lesz, ezzel megkaphatsz bármit, amit kértél. Olyan életet élhetsz, amellyel dicsőíted majd Istent mindennel, amit teszel. Isten szeretetében és fellegvárában nagy örömet okozol majd Neki.

Most nézzünk meg egy pár dolgot a lelki hittel kapcsolatban. Melyek az akadályai a lelki hit megszerzésének? Hogyan lehet birtokolni a lelki hitet? Milyen áldásokat kaptak a szellemi hit atyái a Bibliában? Végül nézzük meg, hogy miért maradtak magukra azok, akik a testi gondolatokat követték.

1. A spirituális hit megszerzésének akadályai

Spirituális hittel lehet az Istennel kommunikálni. Meg lehet Hallani a Szentlélek tiszta hangját. Választ lehet kapni az imákra és kérelmekre. Dicsőíteni lehet Istent akár eszel, iszol, vagy bármi mást teszel. Isten kegyében, elismerésében és biztosítékában fogsz élni.

Akkor miért nem rendelkeznek az emberek spirituális hittel? Most nézzük át, milyen tényezők akadályoznak meg minket abban, hogy spirituális hitünk legyen.

1) Testi gondolatok

A Rómaiak 8,6-7 ezt mondja: *"Mert a testnek gondolata halál; a Lélek gondolata pedig élet és békesség. Mert a test gondolata ellenségeskedés Isten ellen; minthogy az Isten törvényének nem engedelmeskedik, mert nem is teheti."*

Az elme két részre osztható, az egyik testi jellegű, a másik meg lelki. A testi elme mindenféle gondolatra vonatkozik, amelyet eltárolt a hús, és mindenféle valótlanságot tartalmaz. A testi gondolatok a bűnhöz tartoznak, mert nem felelnek meg Isten akaratának. Halált okoznak, amint a Rómaiak 6,23-ban látjuk: *"A bűn zsoldja a halál."* Ellenkezőleg, a lelki elme az igazság gondolataira utal, és Isten akarata szerint való – az igazság és a jóság. A spirituális gondolatok életet és békét szülnek nekünk.

Például tegyük fel, hogy nehézségekbe ütközöl, vagy olyan megpróbáltatásba, amelyet nem lehet legyőzni emberi erővel és képességgel. A testi gondolatok gondokat és aggodalmakat hoznak rád. De a lelki gondolatok elvezethetnek oda, hogy leveted a gondjaidat, hálát adsz, és örülsz az Isten szavának, amely ezt mondja: *„Mindenkor örüljetek. Szüntelen imádkozzatok. Mindenben hálákat adjatok; mert ez az Isten akarata a Krisztus Jézus által ti hozzátok"* (1 Tesszalonika 5,16-18).

Így a lelki gondolatok pontosan ellentétesek a testiekkel, és a testi gondolatokkal nem vonatkoznak rád Isten törvényei. Ezért a testi gondolatok ellenségesek Istennel, és megakadályoznak minket abban, hogy spirituális hitünk legyen.

2) A test cselekedetei és munkái

A hús cselekedetei minden bűnre vonatkoznak, amelyek a cselekedetekben megjelennek, amint a Galateák 5,19-21-ben látjuk: *„A testnek cselekedetei pedig nyilvánvalók, melyek [ezek]: házasságtörés, paráznaság, tisztátalanság, bujálkodás. Bálványimádás, varázslás, ellenségeskedések, versengések, gyűlölködések, harag, patvarkodások, viszszavonások, pártütések, Irígységek, gyilkosságok, részegségek, dobzódások és ezekhez hasonlók: melyekről előre mondom néktek, a miképen már ezelőtt is mondottam, hogy a kik ilyeneket* *cselekesznek, Isten országának örökösei nem lesznek."* Ha nem dobod el a test cselekedeteit, akkor nem rendelkezhetsz lelki hittel, és nem örökölheted Isten országát. Ezért a test munkái megakadályoznak abban, hogy spirituális hited legyen.

3) Különböző elméletek

A *The Webster's Revised Unabridged Dictionary* az „elméletre" a következő képpen utal: „Egy tan, vagy a dolgok terve, mely spekulációban és elmélkedésben végződik, gyakorlati nézet nélkül, egy hipotézis, vagy spekuláció," vagy „Az általános és elvont elvek megvilágosítása, bármely tudományban." Az elmélet eme megfogalmazása olyan tudás, amely támogatja azt a gondolatot, hogy valamit létrehoznak valamiből, de nem segít abban, hogy rendelkezzünk spirituális hittel. Inkább korlátoz minket abban, hogy rendelkezzünk spirituális hittel.

Gondoljunk a két elméletre, a teremtés- és a darwini evolucionizmus elméletére. A legtöbb ember azt tanulja az iskolában, hogy az emberiség a majomból fejlődött. Ezzel szöges ellentétben, a Biblia azt mondja, hogy Isten teremtette az embert. Ha hiszel a mindenható Istenben, azt kell választanod és követned, hogy a teremtés Isten által volt, akkor is, ha az evolúció elméletét tanították neked az iskolában.

Csak ha elfordulsz az evolúciós elmélettől, amelyet az iskolában tanítottak neked, rendelkezel majd spirituális hittel. Ellenkező esetben, minden elmélet megakadályoz abban, hogy

Minden gondolatot és elméletet tegyél tönkre magatokban • 35

spirituális hittel bírj, mert lehetetlen, hogy úgy gondold, hogy valami lehet a semmiből az evolúció elmélete alapján. Például még a tudomány fejlődésével sem, az emberek nem tudják előállítani az élet magját, a spermát és a petesejtet. Akkor, hogyan lehetséges az, hogy elhiggyék, hogy valami lesz a semmiből, kivéve, ha a lelki hit alapján teszik ezt?

Ezért meg kell cáfolni ezeket az érveket és elméleteket, valamint minden büszke és magasztos dolgot, amely szemben áll az igaz Isten ismeretével, és minden ilyen gondolatot fogságban kell tartanunk, hogy engedelmeskedjen a Krisztusnak.

2. Saul testi gondolatokat követ, és engedetlen

Saul volt az első király az izráeli királyságban, de nem élt összhangban Isten akaratával. Az emberek kérésére lépett trónra. Isten megparancsolta neki, hogy csapjon le Amálekre, és pusztítsa el mindenét, amije volt, és ölje meg a férfit és a nőt, gyermeket és csecsemőt, ökröket, juhokat, tevéket és szamarakat, egyetlen egyet sem kímélve egyáltalán. Saul király legyőzte Amáleket és népét, és megnyerte a nagy diadalt. De nem engedelmeskedett az Isten parancsának, és megmentette a legjobb juhokat és barmokat.

Saul a testi gondolatok szerint cselekedett, és megkímélte Agágot, és a legjobb juhokat, ökröket, bárányokat, és mindent, ami jó volt, azzal a vággyal, hogy feláldozza őket Istennek. Nem volt hajlandó teljesen elpusztítani őket. Ez a cselekedet engedetlenség és arrogancia volt az Isten előtt. Isten megfeddte őt a törvénysértésért Sámuel próféta által, hogy ő is tartson bűnbánatot, és térjen meg. De Saul király kifogásokkal jött elő, és ragaszkodott hozzá, hogy igaza van (1 Sámuel 15,2-21).

Ma már sok hívő van, aki úgy viselkedik, mint Saul tette. Nem veszik észre a nyilvánvaló engedetlenségüket, és nem ismerik el, amikor ezekért megdorgálják őket. Ehelyett kifogásokat hoznak fel, és ragaszkodnak a saját módszerükhöz, a testi gondolataik alapján. A végén az engedetlenség embereivé válnak, akik a test szerint élnek, mint Saul tette. Mivel minden száz emberből száznak más a véleménye, ha a saját gondolataik szerint járnak el, akkor nem lehetnek egységesek. Ha a saját gondolataiknak megfelelően járnak el, nem fognak engedelmeskedni. De ha Isten igazságának megfelelően cselekednek, akkor képesek lesznek arra, hogy engedelmeskedjenek, és egységesek legyenek.

Isten elküldte Sámuel prófétát Saulhoz. Saul nem engedelmeskedett az Ő szavának, és a Próféta ezt mondta Saulnak: *"Mert, [mint] a varázslásnak bűne, [olyan] az engedetlenség; és bálványozás és bálványimádás az ellenszegülés. Mivel te megvetetted az Úrnak beszédét, ő is megvetett téged, hogy ne légy király"* (1 Sámuel 15,23).

Hasonlóképpen, ha valaki támaszkodik az emberi gondolatokra, és nem követi Isten akaratát, ez Isten iránti engedetlenség, és ha nem jön rá az engedetlenségére, és nem fordul el tőle, akkor nincs más választása, mint hogy elfogadja, hogy Isten elhagyja őt is, mint Sault.

Az 1 Sámuel 15,22-ban Sámuel megfeddte Sault, mondva: *„Vajjon kedvesebb-é az Úr előtt az égő- és véres áldozat, mint az Úr szava iránt való engedelmesség? Ímé, jobb az engedelmesség a véres áldozatnál és a szófogadás a kosok kövérénél."* Nem számít, mennyire tűnnek igaznak a gondolataid, ha szemben állnak az Isten szavával, meg kell bánnod őket, és azonnal el kell fordulnod tőlük. Ezen kívül, a gondolataidat engedelmessé kell tenned az Isten akaratával.

3. A hit ősatyjai, akik engedelmeskedtek Isten szavának

Dávid volt Izrael második királya. Nem követte a saját gondolatait már gyermekkora óta, csak az Istenbe vetett hite után ment. Nem félt a medvéktől és az oroszlánoktól, amikor terelte a nyájat, és néha megküzdött, és legyőzte az oroszlánokat és a medvéket a hite által, hogy a nyájat megvédje. Később, csak a hitével, legyőzte Góliátot, a filiszteusok bajnokát.

Volt egy eset, amikor Dávid egyszer engedetlen volt Istennel, miután a trónra került. Amikor a próféta megfeddte ezért, nem kért bocsánatot, hanem azonnal megbánta, és megtért, és a végén megszentelt lett. Tehát, nagy különbség volt Saul – aki a testi gondolatok embere volt – és Dávid között, aki egy lelki ember volt (1 Sámuel 12,13).

Miközben pásztorkodott a sivatagban negyven évig, Mózes megsemmisített mindenféle gondolatot és elméletet, és alázatos lett Isten előtt, amíg Isten el nem hívta, hogy vezesse ki Izráel fiait az egyiptomi rabszolgaságból.

Emberi gondolkodása alapján Ábrahám a feleségét „nővérnek" hívta. Miután a megpróbáltatások révén szellemi emberré vált, engedelmeskedni tudott Istennek, még akkor is, amikor Isten azt mondta neki, hogy ajánlja fel az egyetlen fiát, Izsákot, mint égő áldozatot. Vajon, ha kicsit is támaszkodott volna a testi gondolataira, tudott volna engedelmeskedni a parancsnak egyáltalán? Izsák volt az egyetlen fia, akit késő öregkorában kapott Istentől, és az Isten ígéretének a magja is volt. Tehát, az emberi gondolatokkal lehet, hogy helytelennek és lehetetlennek ítéljük meg, hogy feldarabolja őt, mint egy állatot, és felajánlja Neki, mint égő áldozatot. Ábrahám soha nem panaszkodott, hanem elhitte, hogy Isten képes lesz kiemelni őt a halálból, és engedelmeskedett (Zsidókhoz írt levél 11,19).

Naámán, aki Arám király seregének parancsnoka volt, nagy becsben tartotta a király, és tisztelte őt, de elkapta a leprát, és eljött Elizeus prófétához, hogy meggyógyuljon a betegségéből. Bár sok ajándékot hozott, hogy megtapasztalja Isten munkáját, Elizeus nem engedte be, hanem elküldte a szolgáját, hogy mondja meg neki: *„Menj el és fürödj meg hétszer a Jordánban, és* *megújul a te tested, és megtisztulsz"* (2 Királyok 5,10). A testi gondolatok alapján Naámán úgy érezte, hogy ez durva és sértő, és dühös lett.

De lebontotta a testi gondolatait, és engedelmeskedett a parancsnak és a tanácsnak, amelyet a szolgái adtak neki. Megmártotta magát a Jordánban hétszer, erre a húsa helyrejött, és tiszta lett megint.

A víz Isten szavát szimbolizálja, és a hetes szám a „tökéletességet" jelenti, így az, hogy „megfürdik hétszer a Jordán folyóban" azt jelenti, hogy „teljesen megszentelődik Isten szava által." Amikor megszentelté válsz, megkaphatod a megoldást bármilyen problémára. Így, amikor Naámán engedelmeskedett az Isten szavának, amelyet Elizeus próféta megjövendölt, Isten csodálatos munkája megvalósult a számára (2 Királyok 5,1-14).

4. Amint megszabadultál az emberi gondolatoktól és elméletektől, engedelmeskedhetsz

Jakab ravasz volt, és mindenféle gondolata volt, ezért megpróbálta elérni az akaratát, de különböző trükkökkel. Ennek eredményeképpen, sok nehézséget elszenvedett húsz évig. Végül kínos helyzetbe került a Jabbok folyónál. Nem tudott visszatérni a nagybátyja házába, mivel szövetséget kötött a nagybátyjával, sem előre nem tudott menni, mert a bátyja, Ézsau, ott várt a folyó másik oldalán, hogy megölje. Ebben a reménytelen helyzetben a saját önelégültsége és a testi gondolatai mind eltűntek. Isten megmozdította Ézsau szívét, és megbékélt a testvérével. Ily módon Isten megnyitotta az utat az élet felé, hogy Jakab képes legyen teljesíteni az Isten gondviselését (Mózes 33,1-4).

Isten ezt mondja a Rómaiak 8,5-7-ben: *"Mert a test szerint valók a test dolgaira gondolnak; a Lélek szerint valók pedig a Lélek dolgaira. Mert a testnek gondolata halál; a Lélek gondolata pedig élet és békesség. Mert a test gondolata ellenségeskedés Isten ellen; minthogy az Isten törvényének nem engedelmeskedik, mert nem is teheti."* Ezért el kell pusztítanunk minden véleményt, elméletet és gondolatot, amely Isten ellen van. Minden gondolatot foglyul kell ejtenünk, hogy engedelmeskedjen Krisztusnak, hogy lelki hitet kaphassunk, és ez engedelmesség tetteit mutassuk.

Jézus új parancsolatot adott Máté 5,39-42-ben, amikor ezt mondta: *"Én pedig azt mondom néktek: Ne álljatok ellene a gonosznak, hanem a ki arczul üt téged jobb felől, fordítsd felé a másik orczádat is. És a ki törvénykezni akar veled és elvenni a te alsó ruhádat, engedd oda néki a felsőt is. És a ki téged egy mértföldútra kényszerít, menj el vele kettőre. A ki tőled kér, adj néki; és a ki tőled kölcsön akar kérni, el ne fordulj attól."* Az emberi gondolkodással nem tudsz engedelmeskedni ennek a parancsolatnak, mert az igazság szavával ellenkezik. De – ha elpusztítod az emberi és testi gondolatokat – örömmel engedelmeskedhetsz, és Isten a javadra dolgozik majd mindenben, az engedelmességeden keresztül.

Nem számít, hogy hányszor vallod meg a hitedet a száddal, ha nem semmisíted meg a saját gondolataidat és elméleteidet, nem engedelmeskedhetsz, és nem tapasztalhatod meg Isten munkáit, és nem érhetsz el a gazdagsághoz és sikerhez.

Arra biztatlak, hogy jegyezd meg Isten szavát, amint írva található Ézsaiás könyvének 55,8-9 részében: „*Mert nem az én gondolataim a ti gondolataitok, és nem a ti útaitok az én útaim, így szól az Úr! Mert a mint magasabbak az egek a földnél, akképen magasabbak az én útaim útaitoknál, és gondolataim gondolataitoknál!*"

Meg kell, hogy előzd, hogy testi gondolataid és emberi elméleteid legyenek, és helyettük spirituális hited kell hogy legyen, mint a századosnak, akit Jézus megdicsért, mert teljes bizalma volt Istenben. Amikor a százados Jézushoz jött, és megkérte, hogy gyógyítsa meg a szolgáját, aki teljesen béna volt, mert szívinfarktust kapott, azt vallotta, hittel, hogy a szolga meg fog gyógyulni, Jézus egyetlen szavától. Megkapta a választ, a hite szerint. Ugyanígy, ha rendelkezel te is szellemi hittel, akkor választ kaphatsz minden imádra és kérésedre, és dicsőséget adhatsz Istennek.

Isten igaz szava átalakítja az emberiség szellemét, és lehetővé teszi számára, hogy olyan hite legyen, amely tettekkel párosul.

Megkaphatod Isten válaszait ezzel az élő és spirituális hittel. Mindannyian romboljátok le az összes testi gondolatot és emberi elméletet, és rendelkezzetek spirituális hittel, hogy mindent megkapjatok, amit kértek Istentől, és Istent dicsőítsétek.

Negyedik fejezet

Vessétek el a hit magjait

„A ki pedig az ígére taníttatik,
közölje minden javát tanítójával.
Ne tévelyegjetek, Isten nem csúfoltatik meg;
mert a mit vet az ember, azt aratándja is.
Mert a ki vet az ő testének, a testből arat veszedelmet;
a ki pedig vet a léleknek, a lélekből arat örök életet.
A jótéteményben pedig meg ne restüljünk,
mert a maga idejében aratunk, ha el nem lankadunk.
Annakokáért míg időnk van, cselekedjünk jót mindenekkel,
kiváltképen pedig a mi hitünknek cselédeivel."

Galateák 6,6-10

Jézus ezt ígéri nekünk a Márk 9,23-ban: *"Ha hiheted azt, minden lehetséges a hívőnek,"* amikor egy százados eljött Hozzá, és ilyen nagy hitet mutatott Neki, Jézus ezt mondta: *"Eredj el, és legyen néked a te hited szerint"* (Máté 8,13), és a szolgáló abban a másodpercben meggyógyult.

Ez a lelki hit, amely lehetővé teszi számunkra, hogy higgyünk abban, amit nem lehet látni. Ez a hit tettekkel párosul, és lehetővé teszi számunkra, hogy felfedjük a hitünket a tetteinkkel. Általa elhisszük, valamit lehet a semmiből teremteni. Ezért, a hit definíciója a Zsidók 11,1-3-ban a következő: *"A hit pedig a reménylett dolgoknak valósága, és a nem látott dolgokról való meggyőződés. Mert ezzel szereztek [jó] bizonyságot a régebbiek. Hit által értjük meg, hogy a világ Isten beszéde által teremtetett, hogy a mi látható, a láthatatlanból állott elő."*

Ha van lelki hited, Isten örömét leli a hitedben, és lehetővé teszi, hogy bármit megkapj, amit kértél. Mit kell tennünk annak érdekében, hogy rendelkezzünk lelki hittel?

Ahogy a gazda elveti a magot tavasszal, és leszedi a gyümölcsöt ősszel, nekünk is el kell vetnünk a hit magjait, hogy a lelki hit gyümölcsét leszedhessük.

Most nézzük meg, hogyan kell elvetni a hit magját a példázatokon keresztül, és hogyan lehet learatni a hit gyümölcsét a földön. Jézus a sokaságnak példázatokban beszélt, és ezek nélkül soha nem is szólt (Máté 13,34). Ez azért van, mert Isten szellem, és mi, akik ebben a fizikai világban élünk, mint emberi lények, nem érthetjük meg Isten szellemi birodalmát. Csak amikor a fizikai világ példázataival megtanítják nekünk a szellemi világot, leszünk képesek megérteni Isten valódi akaratát. Ezért fogom elmagyarázni, hogyan kell elvetni a hitmagokat, és hogyan lesz lelki hitünk. Mindezt a termőföld példázataival teszem.

1. A hit magjait elvetni

1) Először: meg kell takarítani a földet

Mindenekelőtt, a farmernek szüksége van egy termőföldre, ahová el tudja vetni a magokat. Annak érdekében, hogy a terület alkalmas legyen erre, a mezőgazdasági termelőnek alkalmaznia kell a megfelelő műtrágyát, fel kell szántania a földet, ki kell szednie a köveket, és a nagy földdarabokat fel kell törnie szántás, boronázás és tárcsázás által. Csak ekkor fognak az elvetett magok jól növekedni, és jó termést hozni.

A Bibliában Jézus bemutatta nekünk a négyféle termőföldet. Az első terület az emberek szívére utal. Az első kategóriában az a terület van, amely az ösvény szélén van, ahol a magok nem hajtanak ki, mert túl szilárd a talaj. A második pedig a sziklás terület, ahol a magok alig tudnak kihajtani, vagy az a néhány hajtás, ami kihajtott, elpusztul a kövek miatt. A harmadik a tüskés terület, ahol a mag kihajt, de nem nő, és nem terem jó gyümölcsöt, mert a tövisek megfojtják. Az utolsó, negyedik pedig az a jó terület, ahol a mag kihajt, meg is nő, kivirágzik, és jó termést hoz.

Ugyanígy, az emberek szíve is négyféle lehet. Az első az a szívterület, amely az ösvény mellett van, ahol nem értik az Isten szavát. A második olyan szív-terület, amely sziklás, és ahol megkapják az Isten szavát, de megbuknak, amikor erőpróbák és üldöztetés éri őket. A harmadik pedig a tövises szívterület, amelyen a világ gondjai és a gazdagság csalárdsága megfojtja Isten szavát, és megakadályozza azokat, akik hallják Isten szavát, hogy gyümölcsöket teremjenek. Az utolsó, a negyedik a jó szívterület, ahol értik Isten szavát, és jó gyümölcsöt teremnek. Nem számít, hogy milyen szív-földed van, ha ápolod és megtisztítod a szív-területedet, mint a gazdálkodó: fáradalmak és izzadás által, a szíved jó termőtalajjá alakítható. Ha szilárd, fel kell szántanod, hogy felpuhuljon, ha sziklás, ki kell szedned a köveket, ha tüskés, akkor el kell távolítanod a töviseket, és jó termőfölddé kell alakítani a megfelelő „műtrágyával."

Ha a gazdálkodó lusta, nem tudja megtisztítani a területet, míg a szorgalmas gazda mindent megtesz, hogy visszaszerezze és megtisztítja a földet, hogy jó területe legyen. Aztán, amint jó a terület, jobb gyümölcsöt terem.

Ha van hited, akkor megpróbálod a szívedet nehéz munkával és verejtékkel jó szívvé változtatni. Aztán, annak érdekében, hogy megértsd Isten szavát, a szívedet jó szívvé kell alakítanod, és sok gyümölcsöt kell teremned, meg kell küzdened, és el kell dobnod a bűneidet, egészen a véred ontásáig. Tehát, ha szorgalmasan eldobod a bűneidet és a gonoszságodat, Isten szava szerint, ahogy Ő parancsolja nekünk, hogy szabaduljunk meg a gonosz minden formájától, akkor eltávolíthatod az összes követ a szívedről, kigyomlálhatod azt, és jó területté változtathatod.

A farmer szorgalmasan, fáradalmak árán dolgozik, mert azt hiszi, hogy bőséges termést fog learatni, ha szánt, boronál, és lekaszálja a földet, és a mezőt jó talajjá változtatja. Ugyanígy, azt kívánom, hogy hidd el: ha ápolod és megváltoztatod a szíved talaját, akkor az Isten szeretetében fogsz lakozni, siker és jólét kísér, és a mennyország jobb helyére kerülsz, ezért küzdened kell, és el kell dobnod a bűneidet, egészen a véred ontásáig. Ezután a szívedbe elvetheted a spirituális hit magját, és annyi gyümölcsöt teremhetsz, amennyit csak tudsz.

2) A következő lépésben magokra van szükséged

Miután kitisztította a területet, el kell vetnie a magokat, és segítenie kell nekik, hogy ki tudjanak hajtani. Egy gazda különféle magokat vet el, és bőséges termést arat le, különbözőket: káposzta, saláta, tök, zöldbab, vörös bab, és hasonlók.

Ugyanígy, különféle vetőmagokat kell elvetni a szív-mezőnkbe is. Isten szava azt mondja nekünk, hogy örvendezzünk, mindig, szüntelenül imádkozzunk, adjunk hálát mindenért, adakozzunk, tartsuk meg az Úr napját szentnek, és szeressünk. Amikor Isten ezen szavait elültetjük a szívünkbe, kihajtanak, rügyeket hoznak, és megnőnek, közben lelki hitet teremnek. Képesek leszünk arra, hogy megéljük az Isten szavát, és spirituális hittel rendelkezzünk.

3) Víz és napfény szükséges

Ahhoz, hogy egy gazda jó termést takarítson be, nem elég neki, hogy megtisztítja a területet, és előkészíti a magokat. Víz és napfény is szükséges. Csak ekkor fog a mag kihajtani, és növekedni is.

Mit jelképez a víz?

Jézus ezt mondta a János 4,14-ben: *"Valaki pedig abból a vízből iszik, a melyet én adok néki, soha örökké meg nem szomjúhozik; hanem az a víz, a melyet én adok néki, örök életre buzgó víznek kútfeje lesz ő benne."* A víz spirituális értelemben „örök életre buzgó víz," és az örök víz Isten szavára vonatkozik, amint írva látjuk a János 6,63-ban: *"A beszédek, a melyeket én szólok néktek, lélek és élet."* Ezért Jézus ezt mondta a János 6,53-55-ben: *"Monda azért nékik Jézus: Bizony, bizony mondom néktek: Ha nem eszitek az ember Fiának testét és nem iszszátok az ő vérét, nincs élet bennetek. A ki eszi az én testemet és iszsza az én véremet, örök élete van annak, és én feltámasztom azt az utolsó napon. Mert az én testem bizony étel és az én vérem bizony ital."* Ennek megfelelően, csak ha szorgalmasan olvasod, hallgatod és közvetíted az Isten szavát, és komolyan imádkozol Hozzá, leszel képes az örök élet útjára térni, és rendelkezni lelki hittel.

Mit jelent a napfény? A napfény segíti a magot, hogy kihajtson és nőjön. Ugyanígy, ha az Isten szava beköltözik a szívedbe, akkor a Szó, amely a fény, a sötétséget kiűzi a szívedből. Megtisztítja a szíved, és a szíved talaját megjavítja. Szóval, olyan mértékben rendelkezhetsz szellemi hittel, amilyen mértékben az igazság világossága betölti a szívedet.

Egy példázaton keresztül, amely a gazdálkodásról szól, megtanultuk, hogy meg kell tisztítanunk a szív-területünket, elő kell készítenünk a jó magot, és biztosítanunk kell a megfelelő vizet és napfényt, amikor a hit magjait elültetjük. Ezután nézzük meg, hogyan kell elültetni a hitmagokat, és hogyan kell felnevelni őket.

2. Hogyan ültessük el és neveljük fel a hit magjait

1) Először: Isten módszereivel kell elvetned a hit magjait

A farmer különböző képpen veti el a magokat, attól függően, hogy milyen magról van szó. Néhány magot mélyen a talajba vet el, míg másokat felszínesen ültet el. Ugyanígy, változatos módon kell elültetned az Isten szavának magjait is. Például, ha imát vetsz el, akkor fel kell kiáltanod őszinte szívvel, és rendszeresen le kell térdelned, ahogy az Isten szava leírja. Csak ekkor leszel képes fogadni Isten válaszait (Lukács 22,39-46).

2) Másodszor: hittel kell vetned
Ahogy a gazdálkodó szorgalmas és buzgó, amikor elveti a magokat, mert úgy véli és reméli, hogy képes lesz learatni a jó termést, te is vesd el a hitmagot – Isten szavát – örömmel és a reménnyel, hogy Isten megengedi, hogy arass, bőségesen. Tehát a 2 Korinthusiak 9,6-7-ben arra biztat Ő: *„Azt [mondom] pedig: A ki szűken vet, szűken is arat; és a ki bőven vet, bőven is arat. Kiki a mint eltökélte szívében, nem szomorúságból, vagy kénytelenségből; mert a jókedvű adakozót szereti az Isten."*

A világ és a szellemi birodalom törvénye egyaránt az, hogy azt kell learatnunk, amit elvetettünk. Tehát, amint a hited növekszik, a szíved területe egyre jobb lesz. Ahogy többet vetsz, egyre többet aratsz. Ezért bármilyen magot vetsz el, hittel kell tenned, hálaadással és örömmel, így bőséges gyümölcsöt, termést takaríthatsz be.

3) Harmadszor: a kikelt magokat gondoznod kell
Miután a gazda elkészítette a földet, és elvetette a magokat, meg kell öntöznie a növényeket, meg kell akadályoznia a férgek és rovarok által okozott kárt permetezéssel, és ki kell húznia a gyomokat. Különben a kikelt növények elsorvadnak, és nem tudnak növekedni. Amikor az Isten szavát elültettük, azt is gondoznunk kell, hogy az ellenséges ördög és a Sátán ne tudjon közel kerülni hozzánk. Buzgó imával kell ezt tennünk, örömmel

és hálaadással, részt kell vennünk az istentiszteleteken, a keresztény közösségben, el kell olvasnunk és meg kell hallgatnunk az Isten beszédét, és szolgálnunk kell. Ezután az elvetett mag kihajt, virágzik és gyümölcsöt hoz.

3. A folyamat, amelynek során a virágok megjelennek, és a gyümölcs terem

Ha a mezőgazdasági termelő nem gondoskodik a vetőmagról vetés után, a férgek megeszik, a gyomok elszaporodnak, és megakadályozzák a magok növekedését és a termést. A gazda nem fáradhat bele a munkájába, hanem türelmesen fel kell növelnie a növényeket, amíg jó és bőséges termést hoznak. Amikor eljön a megfelelő idő, a magok felnőnek, virágba borulnak, és végül a méhek és pillangók által gyümölcsöt teremnek. Amikor a gyümölcsök megérnek, a gazdálkodó végre leszedi a jó gyümölcsöt, vidáman. Mennyire örömteli lesz számára, amikor a munkája és a türelme jó és értékes gyümölcsöt hoz neki, és százszor, hatvanszor, vagy harmincszor többet takarít be, mint amit elültetett!

1) Először: kinyílik a spirituális virág

Mit jelent az, hogy „A hitmagok felnőnek, és lelki virágokat hoznak?" Ha a virágok kivirágzanak, illatot adnak ki magukból, és az illat méheket és pillangókat vonz. Ugyanígy, amikor már elvetettük az Isten szavát a szívünk talaján, és gondozzuk, olyan mértékben, amennyire Isten szava szerint élünk, spirituális virágokat nyílhatunk, és Krisztus illatát terjeszthetjük. Ezen kívül képesek leszünk a fény és a só szerepét eljátszani, hogy sokan lássák a jó cselekedeteinket, és dicsőítsék a mennyei Atyánkat (Máté 5,16).

Ha Krisztus illatát ontod magadból, az ellenséges ördög el fog hagyni, és képes leszel arra, hogy dicsőítsd Istent otthon, a vállalkozásodban, és a munkahelyeden. Akár eszel vagy iszol, vagy bármit is teszel, dicsőíteni fogod Istent. Ennek eredményeként, az evangelizáció gyümölcsét termed majd, eléred Isten királyságát és igazságát, és lelki emberré változol azzal, hogy a szíved talaját jó termőfölddé változtatod.

2) Következőleg: megterem a gyümölcs, amit leszednek

Miután a virágok kivirágzanak, a gyümölcsök kezdenek beérni, és amikor a gyümölcs megérett, a farmer betakarítja őket. Ha ezt alkalmazzuk a hitünkre, milyen gyümölcsöt tudunk teremni? A Szentlélek különféle gyümölcseit tudjuk teremni, beleértve kilenc gyümölcsöt, amint a Galateák 5,22-23-ban látjuk, a boldogságok gyümölcseit, amint a Máté 5-ben látjuk, és a lelki szeretet gyümölcseit, amint írva van az 1 Korinthusiak 13-ban.

A Biblia olvasása, és Isten szavának a hallgatása által, megvizsgálhatjuk, hogy teremtünk-e már virágot, és milyen érett a gyümölcsünk. Amikor a gyümölcs teljesen megérett, begyűjthetjük bármikor, és élvezhetjük, ahogy akarjuk. A Zsoltárok 37,4 ezt mondja: „*Gyönyörködjél az Úrban, és megadja néked szíved kéréseit."* Ez nagyjából ugyanaz, mintha letétbe raknánk egymilliárd dollárt egy bankszámlán, és bármilyen módon, bármire képesek lennénk elkölteni ezt.

3) Végül: azt aratod le, amit elvetettél

A betakarítás idején a gazdálkodó learatja, amit elvetett, minden évben. A termés mennyisége más és más, attól függően, hogy mennyit vetett, és milyen buzgón és hűségesen gondozta a magokat.

Ha imával vetettél, a lelked virágozni fog, és ha hűséggel és szolgálattal, akkor a lelked és a tested egészséges lesz. Ha szorgalmasan vetettél a pénzügyekben, élvezni fogod a pénzügyi segítséget, és segíteni fogod a szegényeket jótékonysági tevékenységgel, amennyire csak akarod. Isten ezt ígéri nekünk a Galataákhoz 6,7-ben: *„Ne tévelyegjetek, Isten nem csúfoltatik meg; mert a mit vet az ember, azt aratándja is."*

Sok rész a Bibliában megerősíti ezt az ígéretét Istennek, mely azt mondja, hogy az ember, aki vetett, azt aratja le, amit elvetett. Az 1 Királyok tizenhetedik fejezetében egy özvegy történetét találjuk, aki Zarefátban élt. Mivel nem volt eső a faluban, és a patak kiszáradt, ő és fia az éhezés szélén voltak. Egy marék lisztet egy tálba dobott az özvegy, egy kis olajjal Illés kancsójából, aki Isten embere volt. Abban az időben, amikor az élelmiszer sokkal értékesebb volt, mint az arany, nem lehetett, hogy hit nélkül cselekedjen. Hitt, és támaszkodott az Isten szavára, amelyet már megjövendölt Illés próféta, és elvetette a hitet. Isten csodálatos áldást adott neki, cserébe a hitéért, és ő, a fia és Illés enni tudtak, amíg a hosszú éhség végül véget nem ért (1 Királyok 17,8-16).

A Márk 12,41-44 bemutat nekünk egy szegény özvegyet, aki két kis rézérmét, amely egy centet ér, berakott a perselybe. Milyen nagy áldást kapott, amikor Jézus méltatta a cselekedetét!

Isten megalkotta a szellemi birodalom törvényét, és azt mondja, hogy azt arathatjuk le, amit elvetettünk. De arra kérlek, ne feledd, hogy gúnyolódás Istennel, ha akkor szeretnénk aratni, ha nem vetettünk. El kell hinned, hogy Isten segítségével arathatsz, de százszor, hatvanszor vagy harmincszor többet, mint amit elvetettél.

A mezőgazdasági termelő példázatával megnéztük, hogyan kell elültetni a hitmagokat, és hogyan lehet növelni őket annak érdekében, hogy rendelkezzünk spirituális hittel. Azt kívánom: szerezd vissza a szíved talaját, és alakítsd jó talajjá. Vesd el a hitmagokat, és ápold őket. Annyit kell vetned, amennyi csak lehetséges. Hittel és reménnyel, valamint türelemmel kell a magokat nevelned, hogy százszor, hatvanszor vagy harmincszor megkapd az áldást. Ha a megfelelő idő eljön, megérnek a gyümölcsök, és nagy dicsőséget mondhatsz Istennek.

Azt kívánom, mindannyian higgyük el a Biblia minden szavát, és vessük el a hitmagot Isten tanítása szerint, hogy gazdag gyümölcsöt teremjünk, dicsőítsük Istent, és élvezzünk minden áldást.

Ötödik fejezet

„Ha hiheted azt,
minden lehetséges a hívőnek!"

És megkérdezé az atyját:
Mennyi ideje, hogy ez esett rajta? Az pedig monda:
Gyermeksége óta. És gyakorta veté őt tűzbe is, vízbe is,
hogy elveszítse őt; de ha valamit tehetsz,
légy segítségül nékünk, könyörülvén rajtunk.
Jézus pedig monda néki: Ha hiheted azt,
minden lehetséges a hívőnek.
A gyermek atyja pedig azonnal kiáltván,
könnyhullatással monda: Hiszek Uram!
Légy segítségül az én hitetlenségemnek.
Jézus pedig mikor látta vala,
hogy a sokaság még inkább összetódul,
megdorgálá a tisztátalan lelket, mondván néki:
Te néma és siket lélek, én parancsolom néked,
menj ki belőle, és többé belé ne menj!
És kiáltás és erős szaggatás között kiméne;
az pedig olyan lőn, mint egy halott, annyira,
hogy sokan azt mondják vala, hogy meghalt.
Jézus pedig megfogván kezét, fölemelé;
és az fölkele.

Márk 9,21-27

Az emberek eltárolják az élettapasztalataikat és a benyomásaikat, beleértve az örömöket, a bánatot és a fájdalmat. Sokan közülük súlyos problémákkal találkoznak, és szenvedésekkel, amelyeket nem tudnak megoldani könnyek, kitartás, vagy másoktól érkező segítség nélkül. Ezek például a betegségek, amelyek nem gyógyíthatók modern gyógyszerekkel, a mentális problémák az életben megtapasztalt stressz miatt, amely nem tárható fel semmilyen filozófia és pszichológia segítségével, problémák otthon és a gyerekekkel, amelyek nem oldhatók meg a legnagyobb vagyonnal sem, problémák az üzleti életben és a pénzügyekben, amelyeket nem lehet megoldani semmilyen eszközzel, illetve erőfeszítéssel. És a lista folytatódik. Ki képes megoldani ezeket a problémákat?

A Márk 9,21-27-ben megtaláljuk Jézus beszélgetését egy gyermek apjával, akit megszálltak a gonosz szellemek. A gyermek komolyan szenvedett mind a süketnémaságtól, mind az epilepsziás rohamoktól. Gyakran vetette magát a vízbe, majd a tűzbe, mert a szellem megszállta. Amikor a démonok megszállták őt, lecsaptak őt a földre, a szája habos lett, a fogát csikorgatta, és megmerevedett.

Nézzük meg, milyen megoldást kapott az apa Jézustól.

1. Jézus megfeddte az apát a hitetlenségéért

A gyerek süketnéma volt a születése óta, így senkit nem hallhatott, és komoly nehézsége volt abban, hogy magát érthetővé tegye. Gyakran gyötörte az epilepszia, és görcsös tünetei voltak. Ezért az apának fájdalmak és szorongás között kellett élnie, és nem volt reménye többé az életben.

Idővel az apa meghallotta Jézus hírét, aki visszahozta a holtakat az életbe, betegeket gyógyított ki mindenféle betegségből, visszaadta a vakok látását, és különböző csodákat hajtott végre. A hír elültette a reményt az apa szívébe. Azt gondolta: „Ha bír a hatalommal, amiről hallottam, lehet, hogy meggyógyítja a fiamat minden betegségéből." Azt gyanította, hogy a fia gyógyulásának van esélye. Csupán ezzel a várakozással elhozta a fiát Jézushoz, és így kérte őt: „Ha tudsz valamit, könyörülj rajtunk, és segíts nekünk!"

Amikor Jézus meghallotta őt, megfeddte a hitetlensége miatt, mondván neki: „Ha hiheted azt, minden lehetséges a hívőnek, aki hisz." Azért mondta ezt, mert bár az apa hallott Jézusról, nem hitt benne a szívével.

Ha az apa elhitte volna, hogy Jézus az Isten Fia, és a Mindenható, akivel semmi sem lehetetlen, és Ő az Igazság Maga, soha nem mondta volna neki: „Ha tudsz valamit, könyörülj rajtunk, és segíts nekünk!"

Hit nélkül pedig lehetetlen Istennek tetszeni, és lelki hit

nélkül nem lehet választ kapni. Annak érdekében, hogy az apa észre vegye ezt a tényt, ezt mondta neki Jézus: „Ha hiheted?" és megdorgálta őt, mert nem hitt teljesen.

2. Hogyan legyen teljes hitünk

Ha hiszel abban, amit nem lehet látni, a hitedet Isten elfogadja. Ez a hit az úgynevezett „lelki hit," „igaz hit," „élő hit," vagy „hit, amelyet cselekedetek kísérnek." Ezzel a hittel el lehet hinni, hogy valami lesz a semmiből. Ez azért van, mert a hit a remélt dolgok bizonyossága, és a nem látott dolgokról való meggyőződés (Zsidók 11,1-3).

El kell hinned a szívedben a kereszt útját, a feltámadást, az Úr visszatérését, az Isten teremtését, és a csodákat. Csak akkor lehet azt gondolni, hogy teljes hittel bírsz. Amikor megvallod a hitedet a szájaddal, ez az igaz hit.

Ahhoz, hegy teljesen lelki hited legyen, három feltétel vezet.

Először, meg kell semmisíteni az Isten ellen elkövetett bűnök falát. Ha bűnfalakat fedezel fel magadban, el kell pusztítanod őket úgy, hogy megbánod a létezésüket. Ezen kívül, meg kell küzdened a bűneid ellen, egészen a véred ontásáig, és el kell kerülnöd a gonosz minden formáját, hogy semmilyen bűnöd ne legyen, egyáltalán. Ha utálod a bűnöket, és problémád van csak a gondolatukra is, valamint a bűnök látására ideges és szorongó leszel, hogy mernél bűnözni? Ahelyett, hogy bűnös életet élsz, tudsz kommunikálni Istennel, és teljes hittel bírhatsz.

Másodszor, követned kell az Isten akaratát. Annak érdekében, hogy az Isten akaratát kövesd, először is, pontosan meg kell értened, hogy mi az Isten akarata. Függetlenül attól, hogy mi a személyes akaratod, ha ez nem az Isten akarata is, akkor nem kell megtenned. Másfelől, bármi is legyen az, amit nem akarsz, hogyha ez az Isten akarata, meg kell tenned. Ha követed az Ő akaratát teljes szívedből, őszinteséggel, erővel és bölcsességgel, Ő teljes hitet ad neked.

Harmadszor, Istennek kedvére kell tenned az Iránta érzett szereteteddel. Ha minden dolgot Isten dicsőségére teszel, mindegy, hogy eszel, iszol, vagy bármit teszel, és ha tetszel Istennek, még a saját magad feláldozása árán is, akkor mindig teljes hited lesz. Ez az a hit, amely lehetővé teszi azt, ami lehetetlen. Ezzel a hittel nem csak azt tudod elhinni, amit látsz és hallasz, hanem ami láthatatlan, és lehetetlen az emberi képességek szerint. Így, ha bevallod ezt a teljes hitet, minden lehetetlen lehetséges lesz a számodra.

Ennek megfelelően, az Isten szava ezt mondja, „Ha elhiheted? Minden lehetséges annak, aki hisz," ez rádszáll, és dicsőíted Őt, mindennel, amit teszel.

3. Semmi sem lehetetlen annak, aki hisz

Ha a teljes hit megadatik neked, semmi sem lehetetlen neked, és megoldást kaphatsz, bármilyen problémádra. Milyen területeken lehet megtapasztalni Isten erejét, aki a lehetetlent lehetővé varázsolja? Nézzünk meg három féle szempontot.

A harmadik gond a betegségek gondja.

Tegyük fel, hogy beteg vagy, mert bakteriális vagy vírusos fertőzésed van. Ha megmutatod a hitedet, és tele vagy a Szentlélekkel, a Szentlélek tüze elégeti a betegségeket, és meggyógyulsz. Részletesebben, ha megbánod a bűneidet, és elfordulsz tőlük, akkor az ima által meggyógyulhatsz. Ha kezdő vagy a hitben, akkor meg kell nyitnod a szíved, és meg kell hallgatnod az Isten szavát, hogy meg tudd mutatni a hitedet.

Ha súlyos betegségek sújtottak, amelyeket nem lehet meggyógyítani orvosi kezelésekkel, meg kell mutatnod a bizonyítékot, hogy nagy hited van. Csak akkor, ha alaposan megbánjuk a bűneinket, és széttépjük a szívünket, és ragaszkodunk Istenhez könnyes imánkkal, csak akkor lehet meggyógyulni. De azok, akiknek gyenge a hite, vagy azok, akik csak most kezdtek a templomba járni, nem gyógyulnak meg, amíg a lelki hit meg nem adatik nekik, és ha a hitük kialakul, gyógyító munka történik rajtuk apránként.

Végül, a fizikai deformitásokat, rendellenességeket, sántaságot, süketséget, szellemi vagy fizikailag hátrányokat, valamint az örökletes problémákat nem lehet visszaállítani Isten ereje nélkül.

Azoknak, akik szenvednek ilyen körülmények között, meg kell mutatniuk, hogy őszinték Isten előtt, és be kell mutatniuk az igazolását a hitüknek, hogy szeresse és elismerje őket Isten, hogy a gyógyító munka megtörténhessen velük, az Isten hatalmából.

Ezek a gyógyító munkák csak akkor történhetnek meg velük, ha megmutatják a tetteit a hitnek, ahogy egy vak koldus, Bartimeus néven, felkiáltott Jézushoz (Márk 10,46-52), egy százados felfedte a nagy hitét (Máté 8,6-13), és egy béna és a négy barátja bemutatta a hitük bizonyítékát Jézus előtt (Márk 2,3-12).

A második terület a pénzügyi gondok.

Ha megpróbálod megoldani a pénzügyi problémádat tudással, tapasztalatokkal, de Isten segítsége nélkül, a gond megoldása csak a képességeid és erőfeszítéseid szerint lehet elképzelhető. Azonban, ha eldobod a bűneidet, követed Isten akaratát, és a problémát Istenre bízod, miközben elhiszed, hogy Ő majd vezet téged a maga módján, akkor a lelked boldogulni fog, minden jól fog menni neked, és jó egészséget élvezel. Továbbá, mivel a Szentlélekkel sétálsz, megkapod Isten áldását.

Jákob emberi szokásokat és bölcsességet követett az életében, amíg meg nem birkózott az Isten angyalával a Jabbok folyónál. Az angyal megérintette a combját, és az izom a combján kificamodott. Ebben a birkózásban, az Isten angyalával, alávetette magát Istennek, és mindent Rá hagyott. Ettől kezdve megkapta az áldást, mert az Isten vele volt. Ugyanígy, ha szereted

Istent, tégy az Ő kedvére, és mindent tegyél az Ő a kezébe, mert minden jól fog menni neked.

A harmadik: hogyan kaphatsz spirituális erőt.

Az 1 Korinthusiakhoz 4,20-ban azt találjuk, hogy Isten királysága nem szavakból, hanem hatalomból áll. A hatalom egyre nagyobb lesz, ha teljes hitünk lesz. Isten hatalma másképp ér utol bennünket, attól függően, hogy milyen erős az imánk, hitünk és szeretetünk. Isten csodáinak munkái, amelyek magasabb szinten vannak, mint a gyógyító munkák, csak azoknak adatik meg, akik Isten hatalmát megkapják, mert imádkoznak és böjtölnek.

Ha teljes a hited, a lehetetlen lehetővé válik, és bátran mondhatod: „Ha hiheted? Bármi lehetséges annak, aki hisz!"

4. „Hiszek, de segítsd a hitetlenségemet!"

Egy folyamat révén bármilyen gondodra megkaphatod a megoldást.

Először: hogy a folyamat elkezdődjön, pozitív vallomásokra van szükség a szájadból.

Volt egy apa, aki sokáig gondokban élt, mert a fiát megszállták a gonosz szellemek. Amikor az apa hallott Jézusról, vágyakozott, hogy lássa Őt. Később az apa elvitte a fiát Jézushoz, mert esélyt látott rá, hogy a fia meggyógyulhat. Annak ellenére, hogy nem volt erre biztosítéka, kérte Jézust, hogy gyógyítsa meg a fiát. Jézus megfeddte az apát, mondva: „Ha hiheted!" De később bátorította őt, mondva: „Bármi lehetséges annak, aki hisz!" (Márk 9,23). Hallva ezt a biztatást, az apa így szólt: „Hiszek, de segítsd a hitetlenségemet!" (Márk 9,23). Ezt a pozitív vallomást tette Jézusnak.

Mivel hallotta, de csak a fülével, hogy minden lehetséges Jézussal, és megértette az agyában, de a hitét csak a szájával vallotta meg, anélkül, hogy a szívével is hitte volna. Annak ellenére, hogy volt hite, az olyan volt, mint a tudás. A pozitív vallomása sürgetés lett, hogy lelki hite legyen, és megkapja a választ.

Következőleg: spirituális hited kell hogy legyen, amellyel a szíved mélyéről kell hinned.

A démon által megszállt gyermek apja mohón vágyott arra, hogy lelki hitet kapjon, és azt mondta Jézusnak: „Hiszek, de segítsd a hitetlenségemet!" (Márk 9,23). Amikor Jézus meghallotta az apa kérését, tudta, hogy az apa őszinte szívvel, igaz szívvel kéri ezt, így lelki hitet adott neki, amellyel hihetett, a szíve mélyéről. Így, mivel az apa szellemi hittel bírt, Isten megnyilvánult, és ő választ kapott Istentől.

Amikor Jézus ezt parancsolta a Márk 9,25-ben: „Te néma és siket lélek, én parancsolom néked, menj ki belőle, és többé belé ne menj!" a gonosz szellem kijött belőle.

Egyszóval, a fiú apja nem tudta fogadni Isten válaszát a testi hitével, amelyet pusztán tudásként tárolt. De amint megkapta a lelki hitet, Isten válasza azonnal megadatott neki.

A folyamat harmadik pontja az, hogy az utolsó pillanatig imát kell mondanunk, hogy megkapjuk a választ.

A Jeremiás 33,3-ban Isten megígérte nekünk, hogy: *"Kiálts hozzám és megfelelek, és nagy dolgokat mondok néked, és megfoghatatlanokat, a melyeket nem tudsz,"* és az Ezékiel 36,36-ban, erre tanít bennünket: *"Még arra nézve is kérni hagyom magamat Izráel házának, hogy cselekedjem ő velök."* Amint fentebb látjuk, Jézus, az Ótestamentum prófétái, és az Újtestamentum tanítványai is mind imában kiáltottak Istenhez, hogy az Ő válaszait megkapják.

Ugyanígy, csak a hangos imában tudod fogadni a hitet, amely lehetővé teszi, hogy a szíved mélyéről higgy, és csak ezen a lelki hiten keresztül kaphatod meg a választ az imáidra és a problémáidra. Fel kell kiáltanod az imában, amíg választ kapsz, és a lehetetlen lehetséges lesz a számodra. Egy megszállott gyerek apja is megkapta a választ, mert felkiáltott Jézusnak.

Ez a történet az apáról és a démonok által megszállt fiáról egy fontos leckét ad nekünk az Isten törvényéről. Ahhoz, hogy megtapasztaljuk Isten szavát, mely ezt mondja: „Ha hiheted? Minden lehetséges annak, aki hisz," a testi hitet lelki hitté kell változtatnod, amely segítségével teljes hited lehet, állnod kell a sziklán, és engedelmeskedned, kétségek nélkül.

Összefoglalva a folyamatot, először meg kell hogy valld a

hitedet a húsbeli hiteddel, melyet úgy tárolsz, mint tudás. Aztán, fel kell kiáltanod Istenhez imában, amíg meg nem kapod a választ. És végül, meg kell kapnod a lelki hitet felülről, amely lehetővé teszi, hogy a szíved mélyéről higgy.

És, hogy megfelelj a három feltételnek ahhoz, hogy megkapd a teljes választ, először tönkre kell tenned a bűnfalat, melyet Isten ellen állítottál. Ezután, mutasd a hit cselekedeteit, őszintén. Ezután hagyd, hogy a lelked boldoguljon. Ha eleget tettél e három feltételnek, akkor lelki hitet kapsz felülről, és lehetővé válik az is, ami lehetetlen.

Ha megpróbálod a dolgokat egyedül elvégezni ahelyett, hogy a Mindenható Isten kezébe raknád őket, akkor bajban leszel, és nehézségekkel találkozol. Épp ellenkezőleg, ha elpusztítod az emberi gondolatokat, amelyek szerint lehetetlen valami, és ráhagysz Istenre mindent, Ő mindent meg fog tenni a számodra, akkor mi lesz lehetetlen?

A testi gondolatok ellenségesek Istennel (Rómaiak 8,7). Ezek megakadályoznak abban, hogy higgy, és csalódást okoznak Istennek azáltal, hogy negatív vallomásokat jelentenek. Segítenek, hogy a Sátán megvádoljon téged, és azt is előidézik, hogy tesztek, erőpróbák, bajok és nehézségek jöjjenek rád. Ezért, el kell hogy pusztítsd ezeket a testi gondolatokat. Nem számít, milyen problémákkal találkozol, többek között a lélekfejlődéseddel, üzleti, munkahelyi, betegségekkel kapcsolatos és családi problémákkal, az Isten kezébe kell ezeket helyezned.

Meg kell bíznod a mindenható Istenben, el kell hidd, hogy Ő teszi lehetővé azt is, ami lehetetlen, és elpusztít mindenféle testi gondolatot a hit által.

Ha pozitív vallomást teszel, ezt mondva: „Hiszek," és imádkozol Istenhez a szívedből, Isten megadja a hitet, amellyel a szíved mélyéről hihetsz, és ennek a hitnek a segítségével megkapod a választ, bármilyen problémádra, és dicsőítheted Őt. Micsoda áldott élet ez!

Kívánom, csak a hitben sétálj, hogy megvalósítsd a Királyságot, és Isten igazságát, hogy teljesítsd a Nagy Megbizatást, az evangélium hirdetését a világnak, és megvalósítsd Isten akaratát, amelyet Neked szánt. A lehetetlen lehetségessé váljon a számodra, mint a kereszt katonája számára, és a Krisztus fényét ragyogd szét, a Jézus Krisztus nevében imádkozom ezért!

Hatodik fejezet

Dániel csak Istenre támaszkodott

Akkor Dániel szóla a királynak:
Király, örökké élj! Az én Istenem elbocsátá az ő angyalát,
és bezárá az oroszlánok száját és nem árthattak nékem;
mert ártatlannak találtattam ő előtte
és te előtted sem követtem el, oh király, semmi vétket.
Akkor a király igen örvende,
és Dánielt kihozatá a veremből. És kivevék Dánielt a veremből,
és semmi sérelem nem találtaték ő rajta:
mert hitt az ő Istenébe.

Dániel 6,21-23

Amikor gyerek volt, Dánielt elvitték rabszolgának Babilonba. De később abba a helyzetbe került, hogy a király második kedveltje lett. Mivel Istent a legnagyobb mértékben szerette, Isten tudást adományozott neki, és intelligenciát, az irodalom és a bölcsesség minden ágában. Dániel még a látomásokat és álmokat is megértette. Politikus és próféta, aki feltárta az Isten hatalmát. Az egész élete során, Dániel soha nem kötött kompromisszumot a világgal, és Isten szolgálatában állt. Legyőzött minden erőpróbát és kísértést, a mártírok hitével, Istent dicsőítette, nagy hitbeli győzelmekkel. Mit kell tennünk annak érdekében, hogy azonos hittel bírjunk, mint az övé?

Nézzük meg mélyebben, miért volt az, hogy Dániel, aki uralkodó volt a király mellett Babilonban, az oroszlánok barlangjába került, és hogyan élte túl az oroszlánokat anélkül, hogy egyetlen karcolás esett volna a testén.

1. Dániel, a hit embere

Roboám király uralkodása idején, Izrael Egyesült Királysága két részre oszlott: a déli királyságra, Júdeára, és az északi izraeli királyságra, mert Salamon király romlása ezt eredményezte (1 Királyok 11,26-36). Azok a királyok és a nemzetük, akik engedelmeskedtek Isten parancsolatainak, virágzóak voltak, de azok, akik nem engedelmeskedtek Isten törvényének, pusztulásba estek. A Krisztus előtti 722. évben az északi királyság összeomlott

Asszíria támadása miatt. Abban az időben számtalan embert vittek fogságba, Asszíriába. A Júdeai déli királyságot is megszállták, de nem pusztult el.

Később Nabukodonozor király megtámadta Júdea déli királyságát, és a harmadik kísérlet során leigázta Jeruzsálem városát, és elpusztította az Isten templomát. Ez i.e. 586-ban volt. Jójákim uralkodásának harmadik évében, aki Júdea királya volt, Nabukodonozor, a babiloni király eljött Jeruzsálembe, és ostrom alá vette a várost. Az első támadásban Nabukodonozor király megkötötte Joákim királyt bronz láncokkal, hogy elvigye Babilonba, és elhozott néhány tárgyat az Isten házából Babilonba.

Dániel az elsők között volt, akit a királyi családból és a nemesek közül elvittek, mint foglyot. A pogány földön éltek, de Dániel virágzott, míg számos királyt szolgált: Nabukodonozort és Belsazárt, akik Babilónia királyai voltak, és Dáriust és Cyrust, akik Perzsia királyai voltak. Dániel hosszú ideig élt a pogány országokban, és úgy szolgálta őket, mint egy uralkodó a királyok után. Megmutatta a hitet, amellyel nem kötött kompromisszumot a világgal, és diadalmas életet vezetett Isten prófétájaként.

Nabukodonozor, a babiloni király elrendelte, hogy a tisztviselők főnöke hozzon be néhányat Izráel fiaiból, köztük a királyi család tagjait és a nemeseket, fiatalokat, akiknek nem volt semmilyen hibája, jó megjelenésűek voltak, és intelligenciát mutattak a bölcsesség minden ágában, fel voltak ruházva

Dániel csak Istenre támaszkodott • 75

megértéssel és igényes tudással, és képesek voltak szolgálni a királyi udvarban. Megparancsolta neki, hogy tanítsa őket a szakirodalomra és a kaldeusok nyelvére, és hagyta, hogy a király ételét és borát igyák, és kiadta, hogy három évig kell tanítani őket. Dániel volt az egyik közülük (Dániel 1,4-5).

De Dániel elhatározta, hogy nem becsteleníti meg magát a király által választott étellel vagy borral, így engedélyt kért a tisztviselők parancsnokától, hogy ne kelljen magát megfertőznie (Dániel 1,8). Ez volt Dániel hite, aki meg akarta tartani Isten törvényét. Isten megadta Dániel javára az együttérzést a parancsnoktól (9. vers). Így a felügyelő visszatartotta az ő és barátai által választott ételeket és a bort, és zöldségeket adott nekik (16. vers).

Mivel látta Dániel hitét, Isten tudást és intelligenciát adott neki az irodalom és a bölcsesség minden ágában, és még a látomásokat és az álmokat is értette (17. vers). Ami a bölcsességet és megértést illeti, amikor a király konzultációra ment hozzá, tízszer jobbnak találta, mint a mágusokat és bűvészeket, akik az országában éltek (20. vers).

Később Nabukodonozor királyt zavarta az álma, amit álmodott, és nem tudott aludni, és a Káldeusok közül senki sem tudta értelmezni az álmát. De Dánielnek sikerült értelmeznie azt, a bölcsességével és a hatalmával, amelyet az Isten adott neki. Akkor a király előléptette Dánielt, és sok, nagy ajándékot adott neki, és uralkodóvá tette az egész babiloni tartományban, és vezető prefektusává az összes babiloni bölcseknek (Dániel 2,46-48).

Nem csak Nabukodonozor babiloni király, hanem Belsazár uaralkodása alatt is, Dániel tetszést és elismerést nyert. Belsazár király kiadott egy kiáltványt arról, hogy Dániel a harmadikként parancsolt az országban. Amikor Belsazár király meghalt, Dárius lett a király, és Dániel még mindig a király kedveltje volt.

Dárius király kinevezett százhúsz fejedelmet a királyságban, és három biztost, mint a felettesüket. De – mivel Dániel elkezdte megkülönböztetni magát a biztosok és a fejedelmeket között a rendkívüli szellemével – a király azt tervezte, hogy kinevezi, hogy az egész királyságot vezesse.

Ezután a biztosok és a fejedelmek megpróbáltak fogást találni Dánielen a kormányzati ügyek tekintetében, de nem találtak bizonyíték a korrupcióra, mivel ő hűséges volt, és sem hanyagság, sem korrupció nem jellemezte. Ezek után cselszövéssel be akarták bizonyítani, hogy Dániel az Isten törvénye ellen vétett. Azt kérték, hogy a király hozzon egy törvényt és alkalmazzon parancsot, hogy bárki, aki petíciót, azaz kérést intéz bármilyen istennek vagy embernek, kivéve a királyt, harminc napra be kell vetni az oroszlánok barlangjába. És kérték, hogy a király intézkedjen, és írja alá a dokumentumot, hogy ne lehessen megváltoztatni a médek és a perzsák törvénye szerint, vagyis ne lehessen visszavonni. Ezért Dárius király aláírta a dokumentumot, vagyis intézkedett.

Amikor Dániel megtudta, hogy a dokumentum aláírásra

került, belépett a házába, amelynek az ablakai nyitva voltak Jeruzsálem felé, és a térdein imádkozott, naponta háromszor, hálát adott az ő Istenének, ahogy korábban is tette (Dániel 6,10). Dániel tudta, hogy az oroszlánok barlangjába dobják, ha megsérti az intézkedést, de elhatározta, hogy vértanú halált hal, és szolgálja Istent egyedül.

Még a babiloni fogság közepén is, Dániel mindig emlékezett az Isten kegyelmére, és buzgón szerette őt, letérdelt a földre, imádkozott, és hálát adott Neki naponta háromszor, szüntelenül. Erős hite volt, és soha nem kötött kompromisszumot a világgal Isten szolgálatában.

2. Dánielt bedobják az oroszlánok barlangjába

Az emberek, akik féltékenyek voltak Dánielre, egyezségre jutottak, és megállapították, hogy Dániel kér, és könyörög az ő Istene előtt. Aztán, beszéltek a királlyal a királyi végzéssel kapcsolatban. Végül a király rájött, hogy az emberek arra kérték őt, hogy létrehozza a szabályt, nem a király miatt, hanem azért, mert csellel el akarták távolítani Dánielt, és a király nagyon meglepődött. Azonban, mivel a király aláírta a dokumentumot, és meghirdette az intézkedést, nem tudott ellene menni még ő sem.

Amint a király meghallotta ezt a kijelentést, a végletekig elkeseredett, és a fejébe vette, hogy megszabadítja Dánielt. De a biztosok és a fejedelmek arra kényszerítették őt, hogy érvényesítse az intézkedést, és nem volt más választása, mint megtenni azt.

A király kénytelen volt megparancsolni, hogy Dánielt vessék az oroszlánok barlangjába. Egy követ hoztak, és lefektették a barlang szájára. Ez azért volt, mert semmit nem lehetett változtatni Dániel ügyében.

A király, aki kedvelte Dánielt, elment a palotába, és az éjszakát böjttel töltötte, és nem szórakoztatta senki, az álom meg elmenekült előle, nem tudott aludni. Akkor felkelt a király hajnalban, a nap keltekor, és bement sietve az oroszlánok barlangjába. Az volt várható, hogy – mivel Dánielt az éhes oroszlánok barlangjába dobták – már megették az oroszlánok akkorra. De a király sietve ment az oroszlánok barlangjába, mintha azt várta volna, hogy életben maradt.

Abban az időben sok elítélt bűnözőt vetettek az oroszlánok vermébe. De hogy tudta Dániel legyőzni az éhes oroszlánokat, és hogy tudott túlélni ott? A király azt gondolta, hogy az Isten, akit Dániel szolgált, megmentheti őt, és közeledett a barlanghoz. A király felkiáltott, zaklatott hangon, és azt mondta Dánielnek: „Dániel, az élő Isten szolgája, a te Istened, akit állandóan szolgálsz, mentett meg téged az oroszlánoktól?"

Legnagyobb meglepetésére, Dániel hangja hallatszott belülről, az oroszlánok verméből. Dániel ezt mondta a királynak: *„Akkor Dániel szóla a királynak: Király, örökké élj! Az én Istenem elbocsátá az ő angyalát, és bezárá az oroszlánok száját és nem*

Dániel csak Istenre támaszkodott • 79

árthattak nékem; mert ártatlannak találtattam ő előtte és te előtted sem követtem el, oh király, semmi vétket" (Dániel 6,21-22).

A király nagyon örült, és utasítást adott, hogy Dánielt vigyék ki a barlangból. Amikor kivették, semmilyen kárt, sérelmet nem találtak rajta. Milyen csodálatos ez! Ez volt a nagy diadal, amit Dániel hite hajtott végre, aki hitt Istenben! Mivel Dániel bízott az élő Istenben, túlélte az éhes oroszlánokat, és hirdette az Isten dicsőségét még a pogányok között is.

És a király megparancsolta, hogy hozzák azokat a férfiakat, akik rossz szándékkal megvádolták Dánielt, és vessék őket, a gyermekeiket és feleségeiket az oroszlánok vermébe. Még el sem érték alját a barlangnak, az oroszlánok letepertékőket, és összezúzták a csontjaikat (Dániel 6,24). Ekkor Dárius király írt minden népnek, nemzetnek, minden nyelven, akik az egész országban éltek, és feltárta nekik, hogy ki Isten, hogy féljenek Tőle.

A király ezt mondta nekik: *"Én tőlem adatott ez a végzés, hogy az én birodalmamnak minden országában féljék és rettegjék a Dániel Istenét; mert ő az élő Isten, és örökké megmarad, és az ő országa meg nem romol, és uralkodása mind végig [megtart;] A ki megment és megszabadít, jeleket és csodákat cselekszik mennyen és földön; a ki megszabadította Dánielt az oroszlánok hatalmából"* (Dániel 6,26-27).

Milyen nagy ez a diadala a hitnek! Mindez azért volt, mert nem találtak bűnt Dánielben, és ő teljesen bízott Istenben. Ha az Isten szavában sétálunk, és az Ő szeretetében lakunk, nem számít, milyen a helyzet és az állapot, Isten megteremti számunkra a kiutat, és diadalt hoz a számunkra.

3. Dániel, a nagy hit győzelmese

Milyen hite volt Dánielnek, hogy ilyen nagy dicsőséget adhatott Istennek? Nézzük meg Dániel hitét, hogy legyőzhessük az erőpróbákat, megpróbáltatásokat, és felfedhessük az élő Isten dicsőségét, sok ember számára.

Először: Dániel soha nem kötött kompromisszumot a hitében a világi dolgokkal.

Ő volt a felelőse az általános ügyeknek az országban, mint az egyik biztos Babilonban, és jól tudta, hogy ő is az oroszlánok barlangjában köt ki, ha megszegi az intézkedést. De soha nem követte az emberi gondolkodást és bölcsességet. Nem félt az emberektől, akik cselt szőttek ellene. Letérdelt a földre, és imádkozott Istenhez, ahogy már korábban tette. Ha követte volna az emberi gondolkodást, a harminc nap alatt, amíg az intézkedés érvényben volt, abbahagyhatta volna már az imáját Istenhez, vagy imádkozhatott volna egy titkos szobában. Dániel azonban egyiket sem tette. Nem azt kereste, hogy megmentse az életét minden áron, és a világgal sem kötött kompromisszumot.

Csak megtartotta a hitét, az Isten iránti szeretetével. Egyszóval, azért volt, mert a hite a vértanúság hite volt, amellyel annak ellenére, hogy tudta, hogy a dokumentumot már aláírták, belépett a házába, és kinyitotta az ablakokat Jeruzsálem felé. Folytatta a naponta háromszori letérdelést, imádkozva és hálát adva Isten előtt, mint ahogy ezt már korábban is tette.

Másodszor: Dániel hite olyan volt, hogy soha nem hagyta abba az imádkozást.

Amikor abban a helyzetben találta magát, amelyben fel kellett készülnie a halálára, imádkozott Istenhez, mint már megszokta korábban. Nem akarta elkövetni a bűnt, amikor valaki felfüggeszti az imádkozást (1 Sámuel 12,23).

Az imák a lelkünk leheletét képezik, így nem szabad abbahagynunk az imádkozást többé. Ha megpróbáltatások és nyomorúság jön ránk, imádkoznunk kell, és ha békében vagyunk, azért kell hogy imádkozzunk, hogy ne essünk kísértésbe (Lukács 22,40). Mivel nem hagyta abba az imát, Dániel meg tudta tartani a hitet, és le tudta küzdeni az erőpróbáit.

Harmadszor: Dánielnek megvolt a hite, amellyel hálát adott minden körülményben.

Sok hitatyáról feljegyezték a Bibliában, hogy hálát adott mindenért hittel, mert tudták, hogy az igaz hit az, hogy hálát adjunk minden körülmény között. Amikor Dánielt bedobták az oroszlánok barlangjába, mert az Isten törvényét követte, hitdiadal lett belőle. Még ha meg is ették volna az oroszlánok,

Isten karjaiba került volna, és az örökkévaló Isten királyságában élt volna. Nem számított neki, milyen eredménye lesz a történéseknek, nem volt félelem benne! Ha valaki teljesen hisz a mennyben, akkor nem kell félnie a haláltól.

Még ha békében élt volna is Dániel, mint a király után az első vezető, csupán időleges megtiszteltetés lett volna ez neki. Azonban, ha a hitét megtartja és mártírhalált hal, Isten elismeri őt, mint a mennyek nagyja, és ragyogó, örök dicsőségben él. Ezért, az egyetlen dolog, amit tett az volt, hogy hálát adott.

Negyedszer: Dániel soha nem vétkezett. Megvolt benne a hit, amellyel követte és gyakorolta az Isten szavát.

Ami a kormányzati ügyeket illeti, nem volt semmilyen vád Dániel ellen. Nyoma sem volt a korrupciónak, hanyagságnak vagy becstelenségnek benne. Mennyire tiszta volt az élete!

Dániel nem sajnált semmit, és nem volt rossz érzés benne a király ellen, aki megparancsolta, hogy vessék az oroszlánok vermébe. Ehelyett még mindig hű volt a királyhoz, ezt mondva neki: „Ó király, örökké élj!" Ha ez a próba azért érte volna utol, mert bűnös lett volna, Isten nem tudta volna megvédeni őt. Azonban, mivel Dániel nem követett el bűnt, Isten meg tudta védeni őt.

Ötödször: Dánielnek megvolt a hite, amellyel teljesen Istenben bízott.

Ha áhítatos istenfélelemben élünk, teljesen bízunk Benne, és minden ügyünket az Ő kezébe tesszük, minden problémánkat meg fogja oldani számunkra. Dániel teljesen hitt Istenben, és teljesen Rá támaszkodott. Nem kötött alkut a világgal, hanem úgy döntött, hogy az Isten törvényét választja, és kérte az Isten segítségét. Isten látta Dániel hitét, és mindenben jót tett neki. Áldásra áldást adott, hogy nagy dicsőséget adhasson Istennek.

Ha ugyanaz a hitünk, mint Dánielé volt, nem számít, hogy milyen próbákkal és nehézségekkel találkozunk, le tudjuk győzni őket, az áldások esélyévé tudjuk változtatni őket, és tanúi lehetünk az élő Istennek. Az ellenséges ördög portyázik, hogy valakit találjon, akit felfalhat. Szóval, ellen kell állnunk az ördögnek erős hittel, és az Isten védelmében kell maradnunk úgy, hogy betartjuk az Isten szavát.

Ha megpróbáltatások történnek az életünkben, Isten tökéletesít bennünket, megerősít, és megalapoz minket (1 Péter 5,10). Azt kívánom, hogy olyan hited legyen, mint a Dánielé volt, járj örökké Istennel, és dicsőítsd Őt, a mi Urunk Jézus Krisztus nevében imádkozom ezért!

Hetedik fejezet

Isten előre adakozik

Akkor kiálta néki az Úrnak Angyala az égből,
és monda: Ábrahám! Ábrahám!
Ő pedig felele: Ímhol vagyok.
És monda: Ne nyujtsd ki a te kezedet a gyermekre,
és ne bántsd őt: mert most már tudom, hogy istenfélő vagy,
és nem kedvezél a te fiadnak, a te egyetlenegyednek én érettem.
És felemelé Ábrahám az ő szemeit,
és látá hogy ímé háta megett egy kos akadt
meg szarvánál fogva a szövevényben.
Oda méne tehát Ábrahám, és elhozá a kost,
és azt áldozá meg égő áldozatul az ő fia helyett.
És nevezé Ábrahám annak a helynek nevét Jehova-jire-nek.
Azért mondják ma is: Az Úr hegyén a gondviselés.

Genezis 22,11-14

Jehova-jireh! Milyen izgalmas és kellemes ezt hallani! Azt jelenti, hogy Isten elkészít mindent előre. Ma sok Istenhívő hallotta és tudja, hogy Isten működik, felkészít, és vezet minket előre. De a legtöbb ember nem tapasztalja meg Isten szavát a hívő életében.

A „Jehova-jireh" az áldás, igazság és a remény szava. Mindenki vágyik ezekre a dolgokra. Ha nem vesszük észre, mire utal ez a szó, nem térhetünk rá az áldás útjára. Szóval, szeretném megosztani veletek Ábrahám hitét, aki példa egy olyan emberre, aki megkapta a „Úr-jireh" áldását.

1. Ábrahám Isten szavát mindenekfölött követte

Jézus ezt mondja a Márk 12,30-ban: *„Szeressed azért az Urat, a te Istenedet teljes szívedből, teljes lelkedből, és teljes elmédből és teljes erődből. Ez az első parancsolat."* Amint azt a Mózes 22,11-14-ben látjuk, Ábrahám olyan mértékben szerette Istent, hogy kommunikált Istennel szemtől szembe, felismerte Isten akaratát, és megkapta az Ő áldását, ami a Úr-jireh. Fel kell ismernünk, hogy ez nem véletlen volt, egyáltalán, hogy ezt az egészet mind megkaphatta.

Ábrahám Istent mindenek fölé helyezte, és úgy vélte, az Ő szava sokkal értékesebb, mint bármi más. Szóval, nem követte a saját gondolatait, és mindig kész volt engedelmeskedni Istennek. Mivel hűséges volt Istenhez minden hazugság nélkül, kész volt a szíve mélyén, hogy megkapja az áldást.

Isten ezt mondta Ábrahámnak a Genezis 12,1-3-ban: *"És monda az Úr Ábrámnak: Eredj ki a te földedből, és a te rokonságod közül, és a te atyádnak házából, a földre, a melyet én mutatok néked. És nagy nemzetté tészlek, és megáldalak téged, és felmagasztalom a te nevedet, és áldás leszesz. És megáldom azokat, a kik téged áldanak, és a ki téged átkoz, megátkozom azt: és megáldatnak te benned a föld minden nemzetségei."*
Ebben a helyzetben, ha Ábrahám emberi gondolkodás szerint gondolkodott volna, egy kicsit nyugtalan lett volna, amikor Isten megparancsolta neki, hogy hagyja a hazáját, rokonait és az apja házát. De Istent, az Atyát és a Teremtőt úgy tekintette, mint az elsőt. Ezzel tudott engedelmeskedni, és követni Isten akaratát. Ugyanígy, bárki engedelmeskedhet Istennek örömmel, ha igazán szereti Istent. Ez azért van, mert elhiszi, hogy Isten mindenben jót mutat neki.

A Biblia számos részében találunk információt a hit ősatyjairól, akik Isten szavát rakták elsőnek, és az Ő szava szerint éltek. Az 1 Királyok 19,20-21 ezt tartalmazza: *"És ő elhagyván az ökröket, Illés után futott, és monda: Kérlek hadd csókoljam meg az én atyámat és az én anyámat, és azután követlek. És monda: Menj, térj vissza; mert mit cselekedtem tenéked? És elmenvén ő tőle, vőn azután egy pár ökröt, és levágá azt, és az ekéhez való szerszámokból [tüzet rakván,] megfőzé azok húsát, és a népnek adá, és evének; és felkelvén, elméne Illés után, és szolgála néki."* Amikor Isten Elishát hívta Illés által, azonnal elhagyott mindent, és követte az Isten akaratát.

Ugyanez volt a helyzet a Jézus tanítványaival is. Amikor Jézus hívta őket, azonnal követték őt. Máté 4,18-22 ezt tartalmazza: *„Mikor pedig a galileai tenger mellett jár vala Jézus, láta két testvért, Simont, a kit Péternek neveznek, és Andrást az ő testvérét, a mint a tengerbe hálót vetnek vala; mert halászok valának. És monda nékik: Kövessetek engem, és azt mívelem, hogy embereket halásszatok. Azok pedig azonnal otthagyván a hálókat, követék őt. És onnan tovább menve, láta más két testvért, Jakabot a Zebedeus fiát, és Jánost amannak testvérét, a mint a hajóban atyjukkal Zebedeussal a hálóikat kötözgetik vala; és hívá őket. Azok pedig azonnal otthagyván a hajót és atyjukat, követék őt."*

Ezért arra kérlek, hogy mohón szerezd meg a hitet, amellyel engedelmeskedni lehet bárminek, ami az Isten akarata, és Isten szavát elsőnek tekintsd, hogy Isten úgy tudjon dolgozni neked, hogy az mindenben jó legyen a számodra.

2. Ábrahám mindig ezzel válaszolt: „Igen!"

Az Isten igéjének megfelelően, Ábrahám elhagyta hazáját, Háránt, és elment a Kánaán földjére. Azonban, mivel az éhség nagyon komoly volt ott, be kellett költöznie Egyiptom földjére (Mózes 12,10). Amikor beköltözött oda, Ábrahám a feleségét "testvérnek" szólította, hogy megelőzze, hogy meggyilkolják. Ezzel kapcsolatban vannak, akik azt mondják, hogy becsapta az embereket maga körül, mert azt mondta nekik, hogy a felesége a húga volt, tehát félt, mert gyáva volt. De a valóságban nem hazudott nekik, csak emberi gondolkodás szerint cselekedett. Ezt bizonyítja az a tény is, hogy amikor parancsot kapott, hogy hagyja el a hazáját, engedelmeskedett, félelem nélkül. Szóval, nem igaz, hogy gyávaságból tévesztette meg őket, azt mondva, hogy a felesége a húga volt. Nem csak azért tette, mert a felesége tényleg az egyik unokatestvére volt, hanem azért is, mert úgy gondolta, jobb, ha „testvérnek" hívja „feleség" helyett.

Miközben Egyiptomban tartózkodott, Ábrahámot finomította Isten, hogy teljesen támaszkodjon Istenre, tökéletes hittel kövesse, emberi bölcsesség és gondolat nélkül. Ő mindig kész volt engedelmeskedni, de maradtak testi gondolatok benne, amelyektől még nem szabadult meg. Ezzel a próbával Isten megengedte Egyiptom fáraójának, hogy jól kezelje őt. Isten Ábrahámnak sok áldást adott, beleértve juhokat, barmokat és szamarakat, és férfi és női alkalmazottakat, valamint nőstény szamarakat és tevéket.

Ezzel azt mondja, hogy ha vizsgák kerülnek elénk, ez azért van, mert nem engedelmeskedünk annak, hogy szenvednünk kell a nehézségek miatt, míg ha a vizsgák a testi gondolatok miatt jönnek, akkor azért, mert még nem dobtuk el őket. Ha engedelmeskedünk, Isten mindenben a javunkra munkálkodik majd.

Ez az erőpróba lehetővé tette a számára, hogy csak azt mondja: „ámen", és mindenben engedelmeskedjen. Utána Isten megparancsolta neki, hogy ajánlja fel az egyetlen fiát, Izsákot, mint égő áldozatot. A Genezis 22,1 így szól: *„És lőn ezeknek utána, az Isten megkisérté Ábrahámot, és monda néki: Ábrahám! S az felele: Ímhol vagyok."*

Amikor Izsák megszületett, Ábrahám százéves, és a felesége, Sára, kilencven éves volt. A szülők részére teljesen lehetetlen volt, hogy gyermekük szülessen, de Isten kegyelme és ígérete által egy fiuk született, és a fiú értékesebb volt számukra, mint bármi más. Ezen kívül ő volt a magja az Isten ígéretének. Ezért Ábrahám nagyon csodálkozott, amikor Isten megparancsolta neki, hogy ajánlja fel a fiát égő áldozatul, mint egy állatot! Ez túl volt mindenféle emberi képzeleten!

Mivel Ábrahám hitte, hogy Isten képes lenne kiemelni a fiát a halálból, tudott engedelmeskedni az Isten parancsának (Zsidók 11,17-19). A másik szempontból, mivel minden testi gondolata elpusztult már, tudta bírni a hitet, amellyel felajánlhatta az egyetlen fiát, Izsákot, mint égő áldozatot.

Isten látta Ábrahám hitét, és előkészített egy kost égő áldozatul, hisz elképzelhető volt, hogy Ábrahám nem emeli fel a kezét a fia ellen. Ábrahám talált egy kost, amelynek a szarva megakadt a bozótban, és vette a kost, és felajánlotta égőáldozatul a fia helyett. És elnevezte azt a helyet „az Úr ad majd"-nak.

Isten megdicsérte Ábrahámot a hitéért, ezt mondva a Genezis 22,12-ben: *„mert most már tudom, hogy istenfélő vagy, és nem* *kedvezél a te fiadnak, a te egyetlenegyednek én érettem,"* és nagy áldások ígéretét mondta el neki a 17-18-as versekben: *„Hogy megáldván megáldalak tégedet, és bőségesen megsokasítom a te magodat mint az ég csillagait, és mint a fövényt, mely a tenger partján van, és a te magod örökség szerint fogja bírni az ő ellenségeinek kapuját. És megáldatnak a te magodban a földnek minden nemzetségei, mivelhogy engedtél az én beszédemnek."*

Még ha a hited nem érte el az Ábrahám hitének a szintjét, akkor is, néha megtapasztalhattad „Az Úr ad" áldását. Ha valamit tenni akartál, úgy találhattad, hogy Isten már felkészített rá. Ez azért lehetséges, mert a szíved Istennek megfelelő volt abban a pillanatban. Ha ugyanazt a hitet bírod, amellyel Ábrahám rendelkezett, és teljesen engedelmeskedsz Istennek, akkor áldásban fogsz élni: „Az Úr adni fog," bárhol és bármikor, milyen csodálatos az élet Krisztusban!

Annak érdekében, hogy megkapd az Úrnak a jireh áldását, ami „Az Úr ad," „áment" kell mondanod bármire, bármilyen fajta parancsára Istennek, és csak az Isten akarata szerint kell járnod, anélkül, hogy ragaszkodnál a saját gondolataidhoz. Meg kell szerezned az elismerést Istentől. Ezért Isten világosan azt mondja nekünk, hogy jobb, ha engedelmeskedünk, mint ha áldozatot hozunk (1 Sámuel 15,23).

Jézus Isten formájában létezett, de Ő nem tartotta az Istennel való egyenlőségét olyan dolognak, amelyet meg kell értenünk, kiürítette magát, egy jobbágy szolga formáját öltötte, és hasonló lett az emberekhez. Megalázta magát, engedelmes lévén halálig (Filippiek 2,6-8). A teljes engedelmességgel kapcsolatban a 2 Korinthusiak 1,19-20 azt mondja: *"Mert az Isten Fia Jézus Krisztus, a kit köztetek mi hirdettünk, én és Silvánus és Timótheus, nem volt igen és nem, hanem [az] igen lett ő benne. Mert Istennek valamennyi igérete ő benne [lett] igenné [és] ő benne [lett] Ámenné az Isten dicsőségére mi általunk."*

Mivel az Isten egyszülött Fia azt mondta mindenre, hogy: „Igen," nekünk is mindenre ezt kell mondanunk, minden kétséget kizáróan: „Ámen," Isten minden szavára, és dicsőítsük Istent azzal, hogy fogadjuk az áldást: „az Úr ad."

3. Ábrahám a kékét és a szentséget követte mindenben

Mivel Isten szavát mindenek felett értékelte, és jobban szerette Őt, mint bármi mást, Ábrahám azt mondta csak: „Ámen," és teljesen engedelmeskedett az Isten szavának úgy, hogy kedves legyen Isten előtt.

Ezenkívül, teljesen megszentelt volt, és mindig arra törekedett, hogy békében legyen mindenkivel, aki körülötte élt, hogy elismerést nyerjen Istentől.

A Genezis 13,8-9-ben ezt mondja az unokaöccsének, Lótnak: *"Monda azért Ábrám Lótnak: Ne legyen versengés közöttem és* közötted, se az én pásztoraim között és a te pásztoraid között: hiszen atyafiak vagyunk. Avagy nincsen-é előtted mind az egész föld? Válj el kérlek, tőlem; ha te balra tartasz, én jobbra megyek; ha te jobbra menéndesz, én balra térek." Lótnál idősebb volt, de átadta neki a választás jogát a föld felett, hogy béke legyen, ezért feláldozta magát. Ez azért volt, mert nem kereste a maga előnyeit, hanem a másokét a lelki szeretetével. Ugyanígy, ha az igazságban élsz, akkor nem kell veszekedned, sem dicsekedned annak érdekében, hogy békében legyél másokkal.

A Genezis 14,12, 16-ban azt látjuk, hogy amikor Ábrahám meghallotta, hogy unokaöccse, Lót fogságba került, a képzett emberek élén, akik a házában születtek, háromszáz-tizennyolcan, elment, és visszahozta a rokonát, Lótot, a vagyonával együtt, valamint a nőket és a többi embert is. És, mert teljesen egyenes volt, és a megfelelő módon járt, Melchizedeknek, a Sálem királyának adta a nyereség tizedét, és a többit visszaadta Sodoma királyának, mondva: *„Én egy fonalszálat, vagy egy sarukötőt sem veszek el mindabból, a mi a tiéd, hogy ne mondjad: Én gazdagítottam meg Ábrámot"* (23. vers). Így Ábrahám nem csak törekedett a békére minden dologban, hanem feddhetetlen és becsületes módon járt.

A Zsidók 12,14 ezt tartalmazza: *„Kövessétek mindenki irányában a békességet és a szentséget, a mely nélkül senki sem látja meg az Urat."* Mohón buzdítalak benneteket, hogy vegyétek észre, hogy Ábrahám megkaphatta az Úrnak a „jireh" áldását, amely így szól: „Az Úr ad," mert békében élt minden emberrel, és elérte a megszentelődést. Azt is kérem, hogy legyél ugyanolyan ember, mint ő volt.

4. Higgyünk Isten erejében, aki a Teremtő

Ahhoz, hogy megkapjuk az áldást „az Úr ad" áldását, hinnünk kell az Isten erejében. A Zsidók 11,17-19 erre tanít minket: „*Hit által áldozta meg Ábrahám Izsákot, próbára tétetvén, és az egyszülöttet vitte áldozatul, ő, ki az ígéreteket nyerte, A kinek meg volt mondva: Izsákban neveztetik néked mag; Úgy gondolkozván, hogy az Isten a halálból is képes feltámasztani, miért is őt példaképen visszanyerte.*" Ábrahám hitt az Isten erejében, hogy a Teremtőnek minden lehetséges, így tudott engedelmeskedni Istennek, anélkül, hogy bármilyen testi és emberi gondolatot követett volna.

Mit tennél, ha Isten azt parancsolná neked, hogy az egyetlen fiadat feláldozd, mint égőáldozatot? Ha hiszel az Isten erejében, akinek semmi sem lehetetlen, nem számít, milyen kellemetlen ez, képes leszel engedelmeskedni. Akkor, megkapod az áldást: „az Úr ad."

Ahogy Isten ereje határtalan, ő előre adakozik, megvalósítja, és visszafizeti nekünk az áldást, ha teljesen engedelmeskedünk, bármilyen testi gondolat nélkül, az Ő szavának, mint Ábrahám tette. Ha van valami, amit jobban szeretünk, mint Istent, vagy azt mondjuk: „Ámen," de csak azokra a dologra, amelyekkel egyetértünk, az emberi gondolatok és elméletek alapján, soha nem tudjuk fogadni az áldást: „az ÚR ad."

Ahogy a 2 Korinthusiak 10,5-ben látjuk: „*Lerontván okoskodásokat és minden magaslatot, a mely Isten ismerete ellen emeltetett, és foglyul ejtvén minden gondolatot, hogy engedelmeskedjék a Krisztusnak,"* ahhoz, hogy megtapasztaljuk „az ÚR ad" áldását, minden emberi gondolatot el kell dobnunk magunktól, és olyan spirituális hittel kell bírnunk, amellyel ezt tudjuk mondani: „Ámen." Ha nem lett volna lelki hite Mózesnek, hogy tudta volna kettéválasztani a Vörös-tengert? Hogy tudta volna Józsué Jerikó városát bevenni spirituális hit nélkül?

Ha csak azoknak a dolgoknak engedelmeskedsz, amelyek megegyeznek a saját gondolataiddal és tudásoddal, akkor ez nem nevezhető lelki engedelmességnek. Isten teremt valamit a semmiből, akkor hogyan lehet az Ő ereje ugyanaz, mint az emberé, aki valamit csak valamiből tud létrehozni?

Máté 5,39-44 ezt tartalmazza: „*Én pedig azt mondom néktek: Ne álljatok ellene a gonosznak, hanem a ki arczul üt téged jobb felől, fordítsd felé a másik orczádat is. És a ki törvénykezni akar veled és elvenni a te alsó ruhádat, engedd oda néki a felsőt is. És a ki téged egy mértföldútra kényszerít, menj el vele kettőre. A ki tőled kér, adj néki; és a ki tőled kölcsön akar kérni, el ne fordulj attól. Hallottátok, hogy megmondatott: Szeresd felebarátodat és gyűlöld ellenségedet. Én pedig azt mondom néktek: Szeressétek ellenségeiteket, áldjátok azokat, a kik titeket átkoznak, jót tegyetek azokkal, a kik titeket gyűlölnek, és imádkozzatok azokért, a kik háborgatnak és kergetnek titeket."*

Miben különbözik ez az Isteni szó, ami az igazság, a saját gondolatainktól és tudásunktól? Ezért, arra kérlek, hogy tartsd szem előtt, hogy ha megpróbálod kimondani, hogy „ámen," de csak a saját kellemes gondolataid alapján, nem tudod elérni az Isten országát, és nem kaphatod meg az áldást, az Úr-jireh áldását, amely így szól: „Az Úr ad."

Még ha meg is vallod a hitedet a mindenható Istenben, voltál gondokban, félelmekben és aggodalmakban, amikor szembesültél a problémával? Ha igen: ez nem tekinthető igaz hitnek. Ha igaz hited van, meg kell bíznod az Isten hatalmában, és minden problémát az Ő kezébe kell adnod, örömmel és hálaadással.

Mindannyian tekintsétek Istent mint az első, legyetek engedelmesek ahhoz, hogy csak azt mondjátok: „ámen" Isten minden szavára, kövessétek a békességet minden emberrel a szentségben, és higgyetek az Isten hatalmában, aki képes arra, hogy a halottakat ismét feltámassza, hogy megkaphassátok, és élvezzétek az áldást: „az Úr ad," a mi Urunk Jézus Krisztus nevében imádkozom ezért!

A szerző:
Dr. Jaerock Lee

Dr. Jaerock Lee Muanban, Jeonnam Tartományban, a Koreai Köztársaságban született, 1943-ban. A húszas éveiben hét évig gyógyíthatatlan betegségekben szenvedett, és a gyógyulás reménye nélkül várta a halált. Egy napon 1974-ban azonban a nővére elvitte egy templomba, és amikor letérdelt, hogy imádkozzon, az Élő Isten az összes betegségéből kigyógyította.

Attól a pillanattól fogva, hogy e csodás tapasztalat révén Dr. Lee találkozott az Élő Istennel, teljes szívéből és őszintén szereti Istent, és 1978-ban elhivatott az Ő szolgájaként. Buzgón imádkozott, hogy megérthesse Isten akaratát, és teljesen beteljesítse azt, és Isten igéjét teljesen betartotta. 1982-ben megalapította a Manmin Központi Egyházat Szöulban, Koreában, és azóta számtalan isteni munka történt ebben a templomban, beleértve a nagyszerű gyógyulásokat és a csodákat.

1986-ban lelkésszé szentelték a Jézus Sungkyul Koreai Egyházának éves összejövetelén, és négy évvel később, 1990-ben az istentiszteleteit elkezdték közvetíteni Ausztráliában, Oroszországban, a Fülöp-szigeteken, és számos más országban, a Far East Broadcasting Company, az Asia Broadcast Station, valamint a Washington Christian Radio System közreműködésével.

Három évvel később, 1993-ban a Manmin Központi Templomot beválasztották „A világ legjobb 50 temploma" közé, a *Christian World Magazin* (Keresztény Világmagazin) által (USA), és tiszteletbeli doktori címet kapott a Christian Faith College, Florida, USA, intézménytől, és 1996-ban doktori címet is – a lelkészi tudományokban – az iowai Kingsway Theological Seminary-től, az Egyesült Államokból.

1993 óta Dr. Lee a világmisszió terén vezető szerepet vállal, külföldön az Egyesült Államokban, Tanzániában, Argentínában, Ugandában, Japánban, Pakisztánban, Kenyában, a Fülöp-szigeteken, Hondurasban, Indiában, Oroszországban, Németországban és Peruban, és 2002-ben „világszintű lelkésznek" nevezték a vezető koreai keresztény újságok, a külföldi Nagy Egyesült Missziókban kifejtett tevékenységéért.

2017 szeptember a Manmin Központi Templom több mint 130. 000 tagot számlált, 11. 000 hazai és külföldi leányegyháza volt szerte a világon, és eddig több mint 98 misszionáriust küldött 26 országba, beleértve az Egyesült Államokat, Oroszországot, Németországot, Kanadát, Japánt, Kínát, Franciaországot, Indiát, Kenyát, és sok más országot.

A mai napig Dr. Lee 109 könyvet írt, közöttük a rekord példányszámban eladott *Az Örök Élet Megkóstolása a Halál Előtt, Életem Hitem I és II, A Kereszt Üzenete, A Hit Mértéke, A Mennyország I és II, A Pokol, Isten Hatalma*, és a munkáit több mint 76 nyelvre lefordították.

A keresztény rovatai megjelennek a *The Hankook Ilbo, The JoongAng Daily, The Dong-A Ilbo, The Chosun Ilbo, The Hankyoreh Shinmun, The Seoul Shinmun, The Kyunghyang Shinmun, Koreai Napi Gazdaság (The Korea Economic Daily), The Shisa News*, és a *Keresztény Sajtó (The Christian Press)* hasábjain.

Dr. Lee jelenleg több tisztséget tölt be: a Koreai Egyesült Szentség Egyház elnöke; a Global Christian Network (GCN) alapítója és igazgatótanácsának elnöke; a The World Christian Doctors Network (WCDN) alapítója és igazgatótanácsának elnöke; és a Manmin Nemzetközi Lelkészképző (MIS) alapítója és igazgatótanácsának elnöke.

Más, hasonlóan hatásos könyvek a szerzőtől:

Mennyország I & II

Egy részletes vázlat a mennyei állampolgárok dicsőséges körülményeiről, amelyet Isten dicsőségében élveznek.

A Kereszt Üzenete

Egy erőteljes ébresztő üzenet mindazoknak, akik spirituálisan alszanak. Ebben a könyvben megtalálod Isten igaz szeretetét, valamint megtudod: miért Jézus az egyedüli Megmentő?

Pokol

Egy őszinte üzenet az emberiségnek Istentől, aki azt kívánja, hogy egyetlen lélek se hulljon a pokol mélységeibe! Felfedezheted Hadész soha fel nem tárt képét, valamint a pokol kegyetlen valóságát.

Szellem, Lélek és Test I & II

Egy kézikönyv, mely segíti spirituális megértést a lélekkel, szellemmel, testtel kapcsolatban, és segít megtalálni, hogy milyen „énünk" van, hogy erőt nyerjünk, mellyel a sötétséget legyőzhessük, és a szellem emberévé váljunk.

A Hit Mértéke

Milyen mennyei helyet, és milyen koronákat és jutalmakat készítenek elő a számodra a mennyekben? Ez a könyv ellát bölcsességgel és útmutatással téged, hogy megmérhesd a hited, valamint a legjobb és a legérettebb hitet gyakorolhasd. Felvilágosít téged arról, hogy mit jelent az igazi hit, és elmagyarázza világosan és érthetően a hit növekedését, valamint a mennyei helyet és koronát, hogy megmérhesd a hitedet pontosan, és a tökéletes szintre emelhesd.

Ébredj Izrael!

Dr. Jaerock Lee önéletrajza a legkellemesebb spirituális aromát nyújtja az olvasó számára, az élete az Isten iránti szeretet által kezdett virágozni, miután sötét hullámok, hideg járom jutott számára, valamint a legmélyebb elkeseredés.

Életem, Hitem I & II

Силен духовен аромат, извлечен от живота, процъфтял с несравнима любов към Бога сред тъмни вълни, изпитания и дълбоко отчаяние.

Isten Hatalma

Egy kihagyhatatlan olvasmány, egy alapvető útmutató az igaz hit eléréséhez, és Isten csodáinak megtapasztalásához.

www.urimbooks.com

www.ingramcontent.com/pod-product-compliance
Lightning Source LLC
LaVergne TN
LVHW012028060526
838201LV00061B/4509